Indiana Jones™ Jr et l'ermite du Colorado

Megan Stine et H. William Stine

Indiana Jones™ Jr et l'ermite du Colorado

Traduit de l'américain
par Stanislas de Thou

Illustrations d'Erik Juszezak

HACHETTE
Jeunesse

SÉRIE *INDIANA JONES*™ *JR* DANS LA BIBLIOTHÈQUE VERTE

Indiana Jones Jr contre le roi Zed
Indiana Jones Jr et le masque de fer
Indiana Jones Jr et la princesse fugitive
Indiana Jones Jr et le tombeau du pharaon
Indiana Jones Jr et les chevaliers fantômes
Indiana Jones Jr et la croix de rubis
Indiana Jones Jr et le trésor de la plantation
Indiana Jones Jr contre les druides noirs
Indiana Jones Jr sur le *Titanic*
Indiana Jones Jr et l'ermite du Colorado

L'édition originale de cet ouvrage
a paru en langue anglaise chez Random House
sous le titre :

YOUNG INDIANA JONES AND THE LOST GOLD OF DURANGO

Hachette, 79, boulevard Saint-Germain, 75006 Paris.

1

L'annonce faite au shérif

« Alors, là ! il y a de l'abus ! » s'exclama Horatio Lintell, mal rasé par négligence de vieux célibataire, gros par goût de l'exagération, mal luné par tempérament et télégraphiste par défaut.

Le jeune Indiana Jones, assis en face de lui, se trémoussait d'impatience sur sa chaise.

« Alors, là ! oui, il y a beaucoup d'abus, vraiment ! » répéta le bonhomme en s'affalant contre le dossier de son fauteuil, les pouces accrochés à ses bretelles.

Il mastiqua un bon coup sa chique de

tabac. Du fond de son énorme panse montèrent des gargouillements et des grondements sourds. « Bravo ! Il n'a pas seulement la forme d'une grosse-caisse, pensa Indy en faisant la moue. Il est aussi capable d'en rendre les sons ! »

Horatio Lintell chercha des yeux le crachoir. L'ayant repéré, il le considéra un instant comme un joueur de basket envisage le panier puis, son estimation faite, il propulsa dans sa direction un jet de salive noirâtre qui se répartit en à peu près trois parts égales dont une seule atterrit dans le bassinet de cuivre. La seconde macula le col. La troisième fut pour les chaussures du cracheur.

« C'est le bouquet ! » s'exclama intérieurement Indy avec une grimace de dégoût. Prudemment, il écarta sa chaise. La dernière fois qu'il avait été aussi écœuré, c'était lorsqu'il avait vu un Français manger des cuisses de grenouille à la provençale.

« Dis-moi, jeune chenapan, ton père sait-il que tu as l'habitude de raconter des menteries ? demanda le sieur Lintell en faisant les gros yeux.

— Ce ne sont pas des mensonges ! répliqua Indy, sur un ton indigné. Ce que je vous en ai dit est la vérité vraie. »

Ce gros bonhomme malpropre commençait sérieusement à l'exaspérer.

« Mon garçon, écoute bien, reprit Horatio Lintell, ça fait quinze ans que je suis télégraphiste et je n'ai encore jamais rencontré de gamin qui prétende s'appeler Indiana alors qu'il arrive du New Jersey. Et qui se vante d'avoir vu tous les pays. Et qui dise qu'il attend un télégramme du président des États-Unis ! Ah, pour ça, oui, là ! il y a de l'abus ! » conclut le bonhomme, qui avait l'air de tenir à sa formule.

Cette tirade déplut fort à Indy, en particulier le mot « gamin ». Au comble de l'exaspération, il ôta son chapeau et s'éventa avec pour se calmer les nerfs. Horatio Lintell, qui crut que c'était pour se rafraîchir, ne songea pas à se vexer. On était au plus fort de l'été 1913, à Durango, aux confins du désert du Colorado. Il régnait dans la pièce, comme d'ailleurs sur toute la ville, comme d'ailleurs aux quatre coins de l'État, une atmosphère étouffante et poussiéreuse de four à pain.

« Ainsi que vous le savez peut-être,

repartit Indy d'un ton posé, mon père est médiéviste et...

— Mon garçon ! s'exclama le télégraphiste en l'interrompant sur un ton outragé. Les convictions religieuses de ton auguste père ne regardent que lui ! »

Indy, accablé, revissa son vieux chapeau marron sur sa tête et leva les yeux au ciel. Sur le plafond blanchi à la chaux, une nuée de mouches assoupies ressortaient comme sur du lait. Que faire ? Comment pouvait-il espérer convaincre cette bourrique de télégraphiste que son père avait bel et bien adressé un télégramme, une huitaine de jours auparavant, à nul autre que M. Woodrow Wilson, président des États-Unis, et qu'il attendait une réponse ? Indy n'était à Durango que depuis l'avant-veille, personne ne le connaissait et, hormis un certain M. Fewkes, l'archéologue que le professeur Henry Jones était venu ici pour rencontrer, personne ne connaissait son père non plus. « Le bon Dieu devrait au moins attendre qu'il fasse plus frais pour encombrer le chemin de ses enfants avec de tels imbéciles.... »

Perplexe et pensif, Indy porta la main à

son fédora. Quelques séances devant son miroir l'avaient informé qu'il pouvait se vieillir ou se rajeunir à sa convenance selon qu'il le rabattait plus ou moins, la moitié basse de son visage étant, d'après lui, plus mûre que l'autre. Cette fois, il ramena en visière le rebord de son chapeau si bas sur ses yeux qu'on eût dit qu'il était résolu à paraître centenaire : seul le bout de son nez pointait ! Mais, pour faire chanceler la résistance d'un Horatio Lintell, il fallait bien cela !

Juste à ce moment, l'éléphantesque télégraphiste, après avoir calé sa chique entre ses dents et sa joue d'un grand coup de langue, tenta une nouvelle fois sa chance en direction du crachoir. « Bingo ! » pensa Indy en retenant son souffle.

« Manqué ! » murmura-t-il une demi-seconde plus tard sur un ton navré en regardant ses bottes toutes maculées.

Par bonheur pour le bonhomme, juste au moment où Indy, exaspéré, allait lui faire passer le goût de chiquer, son télégraphe, réveillé en sursaut, se mit à cliqueter. C'était un vieux modèle de télégraphe morse. Lintell, avec une vélocité surprenante pour un homme de sa corpulence, s'empara d'un papier, d'un crayon et se mit à traduire les « clac! », les « toc! » et les « tic-tac! » en une procession de tirets et de points.

Indy bondit de sa chaise.

« C'est le télégramme pour mon père, n'est-ce pas? Vous voyez bien! Qu'est-ce que je disais?

— Chut! » fit Lintell, d'une façon impérieuse.

L'ambiance n'était soudain plus la même dans le bureau du télégraphe. Le gros télégraphiste avait pâli d'un coup, son front ruisselait de sueur, il tremblotait et Indy, comprenant que l'heure n'était plus à la plaisanterie, lui obéit sans barguigner.

« Est-ce la réponse du président? » demanda-t-il quand même, presque timidement et après un délai raisonnable.

Dans un même souffle, Lintell cracha un « non! » net et sans bavure, tendit à Indy un petit morceau de papier et lui dit sur un ton sans réplique :

« Fiston, rends-toi utile. Cours jusqu'au bureau du shérif et remets-lui ça. Vite! Et que rien ne t'arrête, vu? Pas même douze douzaines d'Iroquois sur le sentier de la guerre... ni une belle donzelle! »

Indy baissa les yeux sur le papier, curieux de savoir ce qui troublait si fort le télégraphiste. Il ne fut pas surpris de découvrir qu'il s'agissait de deux courtes phrases, en tout et pour tout, car il savait que ce n'est pas au nombre de mots que se mesure l'importance des nouvelles. « J'ai découvert un nouveau monde, signé : Christophe Colomb », ou bien : « Je suis venu, j'ai vu, j'ai vaincu, signé : Jules César », ou bien : « Progression perse stoppée à Marathon, signé : Miltiade », ne sont-ils pas des exemples de messages très brefs et très lourds de conséquences ?

Indy lut à mi-voix :

« *Frères Butler évadés stop font route vers Durango stop.* »

« Qui sont les frères Butler ? demanda-t-il.

— De la racaille de la pire espèce, répondit Lintell sur un ton lugubre. Maintenant, file ! Tu as déjà assez perdu de temps comme ça. »

Indy se rua au-dehors. Sur le plan de la température, cela revenait à peu près au même que de passer du purgatoire à l'enfer. On était en plein midi. Le soleil, à la verticale de la petite ville, pourchassait implacablement les quelques ombres survivantes, les cernait et, lorsqu'il les tenait acculées dans un coin, d'un coup de langue de feu, les asséchait. Le bureau du télégraphe avait été une étuve, la rue était une fournaise.

Durango, comme beaucoup de petites villes du Far West, était construite de part et d'autre d'une grand-rue large comme un jet de pierre et longue comme la portée d'un bon fusil. Le bureau du télégraphe était à un bout, celui du shérif à l'autre. Indy courut le plus vite qu'il put et arriva à destination si essoufflé et transpirant qu'il se demanda s'il n'aurait pas mieux aimé affronter les traits de douze douzaines d'Iroquois que ceux d'un seul soleil.

« Eh bien, mon garçon ? lui demanda le shérif en le voyant entrer en trombe dans son bureau. Tout rouge et en nage comme tu es, tu passerais inaperçu dans un champ de tomates couvertes de rosée ! »

Il était attablé devant un damier. Cheveux blancs débordant d'un chapeau blanc, moustaches blanches et, à part cela, tout de blanc vêtu, comme un shérif d'opérette...

Fier de sa plaisanterie, il fut le premier à s'esclaffer. « Et toi, tu passerais inaperçu dans un congrès d'ours polaires », ne répondit pas Indy.

Le vieux bonhomme assis vis-à-vis du shérif éclata de rire à son tour. D'après son étoile, c'était l'adjoint. Il était aussi crasseux que son patron était immaculé. « Celui-là, c'est dans un rassemblement d'épouvantails qu'on ne le remarquerait pas », pensa Indy.

« Voilà sans doute de quoi vous faire passer l'envie de ricaner, shérif, dit-il en tendant le télégramme. Les frères Butler arrivent ! »

Indy avait vu juste. Le shérif se leva d'un bond si violent qu'il renversa le damier et que les pions valsèrent dans tous les coins.

« Fais voir ça, fiston ! » dit-il en s'approchant, main tendue.

A peine avait-il déchiffré le message qu'il en fit une boule au creux de son poing. Indy eut l'impression que le shérif n'aurait pas serré avec plus de hargne s'il avait tenu par le col un des évadés.

« Le télégramme ne dit pas quand ils se sont fait la belle ! murmura-t-il en se tripotant le menton.

— Ce qui veut dire qu'ils peuvent débarquer ici d'un moment à l'autre ! s'exclama l'adjoint en forme d'épouvantail.

— Ouais ! » approuva le shérif d'une voix traînante.

Le temps de boucler autour de ses hanches son ceinturon de cuir blanc clouté de nacre auquel pendaient deux revolvers à crosse d'ivoire, il s'était recomposé une contenance. Il annonça qu'il s'en allait à la banque prévenir les employés et sortit d'un bon pas en laissant claquer la porte derrière lui.

« Ces frères Butler, qui sont-ils ? demanda Indy à l'adjoint.

— Des pilleurs de banque, répondit l'autre.

— Des pilleurs de banque, répéta Indy pour lui-même en clappant de la langue avec gourmandise. Oh ! là ! là ! vous m'en direz tant ! »

Sans s'attarder une seconde de plus, il quitta le bureau du shérif et fila dare-dare vers l'hôtel où son père et lui s'étaient installés pour la durée de leur séjour à Durango. Il jubilait.

Juste au moment où il commençait à

craindre de mourir d'ennui, bang! on annonçait l'arrivée de pilleurs de banque, de hors-la-loi, de desperados! l'âge du Far West romantique et sauvage n'était peut-être pas aussi révolu qu'on voulait bien le dire, après tout — bien qu'on fût en 1913!

2

Un Indien d'une sagesse... proverbiale

Indy traversa la rue en se faufilant entre des cow-boys avachis sur l'encolure de leur cheval et des messieurs importants encastrés derrière le volant de leur Ford T.

Durango était une petite ville minière, au pied des San Juan Mountains, qui avait connu un essor rapide à l'époque de la ruée vers l'or. Il y avait d'abord eu des campements, puis, les filons étant bons, le bois avait remplacé la toile dans la construction des abris. Les filons étant décidément excellents, la pierre de taille avait remplacé le bois et, à présent, où que les regards se portent, ce n'étaient que bâtisses dans le plus pur style m'as-tu-vu. Maisons particulières, boutiques et magasins, hôtels et salons avaient tous de ces imposantes façades qui témoignent de la prospérité d'une ville mais pas forcément de son bon goût, comme deux joues bien remplies sont, dans un visage, un signe de bon appétit, plutôt que de bonne santé. Il n'y avait que la banque, avec son perron à colonnade, pour se donner un genre en tâchant de ressembler à un temple grec.

Entre tant de spécimens de ce que l'architecture peut produire de plus tristement bête et riche, l'hôtel Strater décrochait le pompon. C'était là que les Jones père et fils avaient porté leurs pénates en arrivant à Durango, parce que c'était le plus moderne, avec son éclairage électrique et son ascenseur. Et puis aussi, sans doute, parce que c'était le premier qu'on voyait en descendant de la malle-poste !

« Je ne sais pas où va le jeune monsieur, dit le portier du Strater en voyant arriver Indy au pas de charge et gravir précipitamment le perron. Mais une chose est sûre : il y va de bon cœur.

— Je suis pressé, je suis pressé ! » répondit Indy en passant, un peu à la manière du lapin dans *Alice au pays des merveilles*.

Sans prendre le temps d'en dire plus, il traversa à grandes enjambées le hall où des dalles de marbre absorbaient toute chaleur, des tentures de velours grenat toute lumière, et une profusion de plantes grasses, tout oxygène. Il prit par l'escalier, jugeant l'ascenseur trop lent, et grimpa quatre à quatre jusqu'au troisième étage, où se trouvait leur suite.

« Père, vous ne devinerez jamais ce qui se passe ! s'écria-t-il dès l'antichambre. Des pilleurs de banque arrivent ! Vous vous rendez compte, des vrais pilleurs de banque ! Ici ! »

Le professeur Jones était assis dans le petit salon vis-à-vis d'un vieil homme avec qui il devisait paisiblement en prenant le thé. Il se tourna vers Indy. La nouvelle n'eut pas l'air de lui faire grand effet.

« Des pilleurs de banque ? Ici ? Vraiment ? Comment c'est étrange ! commenta-t-il d'un air distrait. Je me serais plutôt attendu à des rats d'hôtel. Car, vois-tu, ici, c'est un hôtel, mon garçon, pas une banque... »

Sur ce, il se retourna vers son compagnon avec un air entendu. Les deux hommes échangèrent un sourire de connivence et hochèrent la tête comme des taste-vin qui savourent ensemble un grand cru.

Le second personnage s'appelait Jesse Walter Fewkes. Indy savait que c'était un archéologue renommé et qu'il nourrissait la même passion que le professeur Jones pour tout ce qui était déjà là depuis des lustres lorsque Christophe Colomb posa le pied sur le sol américain.

Aussi renonça-t-il immédiatement à faire partager son enthousiasme sur un sujet d'une actualité aussi déplacée. Il salua M. Fewkes d'un signe de tête lent et poli, puis :

« Avez-vous déjà entendu parler des frères Butler, monsieur le professeur ? » lui demanda-t-il avec une feinte indifférence.

La voix d'Indy était encore un peu essoufflée. Avant de répondre, M. Fewkes reposa méticuleusement sa tasse sur la table. Ce n'était pas le genre d'homme à faire trente-six choses à la fois.

« Oui, dit-il. C'était juste après mon arrivée ici, à Durango, il y a quatre ans. Les frères Butler ont attaqué la banque. Ils ont tué un homme. Les gens d'ici en parlent encore. »

Indy aurait bien cherché à en apprendre davantage auprès de M. Fewkes, mais son père, déjà lassé par le sujet, se racla la gorge impatiemment. Pour lui, tout assassinat qui ne remontait pas au moins aux Croisades était un fait divers vulgaire et indigne d'attention et, pour qu'un hold-up ait une chance de l'intéresser, il aurait fallu qu'il soit aussi ancien que l'histoire du vase de Soissons.

« Hum, hum ! Junior, dit-il. Au lieu de t'amuser à je ne sais quelles sornettes, tu ferais peut-être bien de te joindre à nous et d'écouter. »

Il lui désigna un tabouret tout proche.

« Nous parlions des habitations troglodytiques qui se trouvent non loin de Durango, reprit-il. Ce que M. Fewkes est en train d'accomplir est absolument fascinant ! Une civilisation indienne s'est développée non loin d'ici, il y a huit ou neuf siècles, en un lieu qui s'appelle Mesa Verde, et M. Fewkes a été chargé par le gouvernement d'organiser les fouilles.

— Tu te rends compte, Henry Junior? enchaîna M. Fewkes. Une civilisation qui avait élu domicile dans des villes taillées à même la roche, des villes si bien cachées que, pour les découvrir, il fallait avoir le nez dessus?

— Un peu comme cette ville inca découverte il y a deux ou trois ans au Pérou par notre compatriote Hiram Bingham et dont les conquérants espagnols n'ont jamais eu vent, n'est-ce pas, cher professeur Fewkes? intervint le professeur Jones.

— Vous voulez parler de Machu Picchu?

— Machu Picchu. Oui, c'est bien cela...

— Si l'on veut, cher professeur Jones, approuva M. Fewkes, si l'on veut. Sauf que, dans le cas de Mesa Verde, j'ai des raisons de penser que les conquistadors y ont abouti...

— Ah, bon? Comme c'est curieux! Il faut absolument que vous nous racontiez cela! s'extasia le professeur Jones. Tiens-toi un peu tranquille, Junior, écoute et prends-en de la graine! Le professeur Fewkes va nous expliquer pourquoi il pense que les conquistadors sont venus jusqu'à Mesa Verde. Ce n'est pas tous les jours qu'on a l'occasion d'entendre ça! »

Indy regarda, éberlué, ces deux augustes professeurs qui s'apprêtaient à passer le temps en discussions interminables à propos de Dieu sait quelle civilisation engloutie depuis des lustres, alors que des bandits allaient assaillir la ville. Cette indifférence à la vie telle qu'elle était au profit de la vie telle qu'elle avait été le dépassait. Ne pouvait-on être historien et s'apercevoir néanmoins que le soleil continuait de se lever chaque matin ?

« Une autre fois, père, s'excusa Indy. Là, je n'ai vraiment pas le temps. N'oubliez pas que je dois retourner au bureau du télégraphe attendre la réponse du président. »

Indy pivota sur ses talons et il s'apprêtait à ressortir pour échapper aux palabres des deux archéologues... quand il se figea soudain. Dans l'encadrement de la porte entrouverte — immobile, l'œil perçant, il y avait quelqu'un. Un jeune homme. Un Indien.

Ses premières paroles surprirent fort Indy.

« Monsieur Fewkes ? » dit-il en souriant timidement.

M. Fewkes lui rendit son sourire.

« Salut, Loup-Solitaire, répondit-il. Quel bon vent t'amène ?

— Pardonnez-moi de vous déranger, professeur. Je suis allé chez vous où l'on m'a dit que je vous trouverais ici. »

Il parlait d'une voix bien timbrée, sur un ton qui dénotait une certaine éducation. Indy s'écarta pour le laisser s'avancer dans la pièce. Le jeune Indien était plus grand que lui et plus âgé de quelques années. Il était vêtu à la mode indienne, d'un pantalon ocre et d'une longue chemise en laine ornée de motifs géométriques. Une bande de tissu rouge était nouée autour de sa taille. Le lourd collier d'argent et de turquoise qui pendait autour de son cou lui descendait jusqu'au nombril. Ses cheveux, lisses et noirs comme une aile de corbeau, étaient courts comme pour un moine sur le devant, longs comme pour une femme sur les côtés, et comme pour l'abominable homme des neiges sur le derrière. Un serre-tête de la même étoffe que la ceinture les tenait en place. D'après la fine pellicule de poussière blanchâtre qui recouvrait le tout, il devait avoir chevauché longtemps.

« Viens là, Loup-Solitaire, que je te présente à mes amis », dit M. Fewkes, très affable.

Le jeune Indien passa devant Indy en le toisant.

« Voici les amis dont je t'ai parlé, continua le professeur Fewkes. Ce monsieur est le célèbre professeur Jones. Et ce garnement, c'est son fils, Henry Junior... »

Le professeur Jones se souleva symboliquement de son fauteuil et serra la main que lui tendait le jeune Indien.

« Loup-Solitaire m'aide dans mes travaux à Mesa Verde, précisa M. Fewkes. Il est très compétent. C'est pour ainsi dire mon contremaître.

— Loup-Solitaire ? répéta pensivement le professeur Jones. J'ai déjà entendu ce nom-là quelque part...

— Où ? Il y a plus d'un âne à la foire qui s'appelle Martin, répondit l'Indien.

— Je veux dire, insista le professeur Jones, que Loup-Solitaire est le nom d'un célèbre guerrier apache, je crois bien. Ou commanche. A moins que ce ne soit un Sioux. Ou je ne sais plus... »

Le jeune Indien écouta cela d'un air plus narquois qu'Iroquois.

« Porter le même nom ne signifie pas avoir le même renom », laissa-t-il tomber.

Cette dernière réplique provoqua l'hilarité de M. Fewkes.

« Ah, professeur Jones, dit-il entre deux éclats de rire. J'avais oublié de vous prévenir. Loup-Solitaire est féru de proverbes. Il en a un pour chaque circonstance de la vie. Je me demande où il va les pêcher.

— Dans l'air du temps, monsieur Fewkes, répondit Loup-Solitaire. Les proverbes ressemblent aux papillons : on en attrape quelques-uns, les autres s'envolent.

— Là ! qu'est-ce que je disais ! s'exclama M. Fewkes, ravi. Encore un !

— Pourquoi pas ? dit Loup-Solitaire d'un air pincé. Les proverbes sont les lampes des mots.

— Et puis, surtout, c'est tout sauf lassant », bougonna Indy dans son coin, à mi-voix.

Loup-Solitaire haussa imperceptiblement les épaules mais sans rien rétorquer. Indy pensa qu'il ne devait pas exister de proverbe pour répondre à ceux que les proverbes ennuyaient.

« Tu ne m'as toujours pas dit quel bon

vent t'amenait ? » demanda M. Fewkes à Loup-Solitaire.

Le jeune Indien hésita.

« Eh bien, voilà, dit-il, d'une voix mal assurée, j'aimerais, enfin, si vous le permettez, aller à Mesa Verde et peut-être y passer quelques jours. Je peux ? »

Avant de répondre, M. Fewkes se tourna vers le professeur Jones.

« Depuis que j'ai la haute main sur Mesa Verde, expliqua-t-il, je veille à en contrôler l'accès aussi strictement que possible. Vous savez comme moi que des dégâts sont vite arrivés sur un site archéologique.

— Alors, je peux ? insista Loup-Solitaire en l'interrompant. Je veux juste jeter un coup d'œil... »

Indy, qui était en train de profiter de la situation pour filer à l'anglaise, s'arrêta net. Juste jeter un coup d'œil ? C'était un mensonge. Indy n'était pas jeune pour rien. Il savait reconnaître un mensonge dans une voix jeune comme quelqu'un qui a l'oreille musicale reconnaît un minuscule couac dans la masse d'un orchestre. Et, là, pas de doute possible : Loup-Solitaire ne disait pas toute la vérité à M. Fewkes. Il y avait anguille sous roche.

Ce que Loup-Solitaire confirma en se dandinant d'un pied sur l'autre, l'air embarrassé.

« Évidemment que tu as ma permission pour aller aux ruines, Loup-Solitaire, répondit M. Fewkes. J'ai toute confiance en toi. »

Indy guetta attentivement la réaction du jeune Indien. L'autre allait-il faire des bonds, sourire d'une oreille à l'autre, battre des mains, enfin, trahir sa joie ? Cela prouverait qu'Indy avait vu juste.

Eh bien, non ! Le jeune Indien se contenta de répondre : « Merci, monsieur » en gardant les yeux baissés. C'était bref et sobre. C'était inexpressif à souhait. Il n'y avait vraiment rien à en déduire. « Hé ! pensa Indy, ça ne veut pas dire pour autant que je me suis trompé. Il s'appelle Loup-Solitaire, après tout, pas Jeune-Chien-Fou... »

« Mais,... reprit M. Fewkes, tourné vers le professeur Jones.

— Mais ? » s'inquiéta aussitôt Loup-Solitaire.

« Qu'est-ce que je te disais ? » triompha Indy intérieurement.

« Mais, cher ami, reprit M. Fewkes, nous pourrions proposer à Henry Junior de profiter de l'occasion pour aller voir ce site splendide ? Ne me disiez-vous pas tout à l'heure que votre fiston s'ennuyait à Durango ?

— Je ne crois pas me souvenir que vous ayez dit cela, père ! protesta Indy, qui trouvait Durango soudain moins ennuyeuse depuis que des bandits menaçaient d'y débarquer.

— C'était juste avant que tu n'arrives, répondit le professeur Jones d'un ton bourru.

— Alors, qu'en dites-vous ? insista M. Fewkes.

— Ma foi ! soupira le professeur Jones. Ce serait plutôt à Junior de décider... »

Indy hésitait. D'un côté, il trouvait dommage de partir au moment où la petite ville se préparait à un affrontement digne d'Homère entre d'authentiques desperados et un shérif costumé comme Buffalo Bill. Mais, d'un autre côté, Loup-Solitaire mijotait quelque chose de peut-être plus intéressant encore. Entre l'aventure sous ses fenêtres et l'aventure au milieu du désert, son cœur balançait.

Le désert avait bien des attraits. Le peu qu'il avait entendu dire de Mesa Verde éveillait sa curiosité d'archéologue en herbe. Mais, qui sait ? Indy aurait peut-être quand même fini par choisir le western à domicile, si Loup-Solitaire n'avait eu un mot malheureux qui en décida autrement :

« Monsieur Fewkes, intervint précipitamment le jeune Indien, je vous rappelle que la route jusqu'aux ruines est pleine d'embûches et qu'elle culmine à 2 500 mètres. On respire mal à cette altitude lorsqu'on n'y est pas habitué. Non, je ne pense pas que ce soit une expédition pour un gosse aussi jeune. »

A la seconde où Loup-Solitaire prononça le mot impardonnable, son sort fut scellé : Indy décida qu'à partir de dorénavant, où que l'autre puisse aller, il le suivrait comme son ombre. Un gosse, non, mais ! Décidément, c'était sa journée ! Après le télégraphiste qui l'avait appelé gamin, son père qui s'obstinait à lui donner du Junior, M. Fewkes qui lui le dénommait fiston, c'était bien le mot à ne pas prononcer... Eh bien, il allait leur montrer !

« C'est d'accord, j'y vais ! » dit-il d'un ton sans réplique.

Cinq minutes après, Indy ressortait de l'hôtel avec, sur les yeux, son inséparable fédora pour se protéger du soleil et de la pluie, sur l'épaule, une sacoche de selle dans laquelle il avait glissé de quoi tenir trois jours à la belle étoile et, à sa ceinture, son fouet pour parer à toutes les autres éventualités.

Loup-Solitaire l'attendait avec deux chevaux sellés. Il enfourcha souplement le premier et laissa Indy se débrouiller avec l'autre en disant :

« On peut aimer son prochain et ne pas lui tenir l'étrier.

— Un de tes fichus proverbes, déjà ! marmonna Indy entre ses dents.

— Hé ! Sans angles, pas de maisons ; sans proverbes, pas de paroles ! répondit Loup-Solitaire avec un sourire ironique.

— Arrête, tu m'assommes ! protesta Indy.

— Un bon proverbe ne frappe pas aux sourcils, mais dans les yeux », conclut Loup-Solitaire.

Le voyage commençait bien...

3

La fièvre monte à Mesa Verde

Sitôt en selle, Loup-Solitaire partit droit vers l'ouest, sans se préoccuper de son compagnon.

« Hé ! Minute ! protesta Indy. Quand j'ai dit que je venais, il n'était pas question de courir le derby d'Epsom ! »

Loup-Solitaire se retourna à demi, et jeta sur Indy un regard en coin, ruisselant de dédain. Puis il éperonna son cheval, qui aussitôt fit feu des quatre fers.

« Soit, songea Indy en se gardant bien de le poursuivre. File donc, Loup-Solitaire.

Qui veut voyager loin ménage sa monture, tu devrais pourtant le savoir, toi! »

Le paysage était plat comme le dos de la main et tapissé d'une poussière sèche d'un brun rougeâtre. A chacune de ses foulées, le cheval de Loup-Solitaire soulevait un nuage qui planait longtemps dans l'air immobile, si bien qu'en plein jour, il était impossible de le perdre de vue.

Indy se réserva de le rattraper à la première étape et profita de sa chevauchée solitaire pour observer les alentours. De part et d'autre, des montagnes en dents de scie se détachaient sur le ciel d'un bleu cobalt. Dans le lointain, droit devant, s'élevait Mesa Verde, dont le profil ressemblait à une gigantesque pyramide tronquée. Indy connaissait assez d'espagnol pour savoir que cela signifiait « table verte », et il comprenait à présent pourquoi on l'appelait ainsi. Le plateau s'élevait littéralement au-dessus de la plaine comme une table au-dessus du parquet d'une académie de billard. Indy devina que la fine couche de feutrine verte qui le couvrait devait être de la végétation, mais il s'en trouvait encore trop éloigné pour la distinguer clairement.

Loup-Solitaire finit par s'arrêter près d'une source et, lorsque Indy le rejoignit, il le regarda venir d'un œil noir, sans un mot.

« Hé, oui, c'est encore moi ! plaisanta Indy en descendant de cheval pour se rafraîchir lui aussi. Comme dit l'autre : Rien ne sert de courir... »

Loup-Solitaire l'interrompit et acheva à sa place d'un ton exaspéré :

« Il faut partir à point, je sais !

— J'aurais dû te prévenir, continua Indy. Je suis un cavalier émérite. Si tu espères te débarrasser de moi en me semant, trouve autre chose. »

Loup-Solitaire sourit. Un sourire sans joie. Un sourire de loup solitaire.

« Puisque apparemment tu t'y entends à lire dans mes pensées, que n'y as-tu découvert que je ne veux pas de toi ? lança-t-il.

— Cela ne m'a pas échappé », répondit Indy en souriant à son tour.

Un sourire espiègle. Un sourire d'Indiana Jones Junior.

« Alors, que fais-tu ici, dans ces conditions ? insista Loup-Solitaire d'un air mauvais.

— Le contraire de ce qu'on attend de

moi, expliqua Indy. C'est ainsi, je fais toujours le contraire de ce qu'on attend de moi. Je n'y peux rien, c'est ma nature. »

Loup-Solitaire dénoua son bandeau, le trempa dans l'eau et le remit en place autour de sa tête, léchant au passage les gouttelettes qui ruisselaient aux coins de sa bouche.

« C'est la curiosité qui a tué le chat, dit-il avec un haussement d'épaules fataliste. Bon, maintenant que tu m'as démontré que tu savais monter à cheval, pourquoi n'en profiterais-tu pas pour galoper en sens inverse ? En partant tout de suite, tu as encore le temps d'arriver à Durango avant que la nuit tombe.

— Pas question ! protesta Indy. Je ne vais nulle part tant que je n'aurai pas compris pourquoi tu tenais tellement à te passer de ma gracieuse compagnie. Tel que je te vois, tu me sembles un peu trop pressé pour être honnête. Quelque chose t'attire ou te fait fuir, et je voudrais savoir ce que c'est... »

Loup-Solitaire se pencha vers la source et y remplit sa gourde.

« Tu poses trop de questions, dit-il.

— J'en poserais moins si tu ne faisais pas tant le mystérieux.

— Dis ton secret à ton serviteur et tu en auras fait ton maître, laissa tomber Loup-Solitaire d'un ton sentencieux. Maintenant, si tu tiens toujours à me suivre, en selle ! Mais ne viens pas te plaindre ensuite : là où nous allons, c'est un nid de corbeau, on n'y trouvera pas de colombes. »

Ils chevauchèrent en silence pendant deux bonnes heures, le temps de couvrir la trentaine de kilomètres qui les séparaient encore de Mesa Verde. De plat, le sol était devenu pentu, puis carrément escarpé. Les chevaux, vers la fin, peinèrent. Le soleil pesait sur les épaules des cavaliers comme un fardeau de cire chaude. Et, comme Indy le découvrit à ses dépens, l'air, en se raréfiant, rendait la progression pénible.

Enfin, juste avant la tombée du jour, ils atteignirent le sommet du plateau. De là-haut, la vue plongeait à des distances inimaginables. On apercevait de toutes parts des paysages inhospitaliers : montagnes bleutées à l'apparence stérile et glaciale, terres arides, d'un rouge malsain, balafrées par des canyons terribles. Au milieu, avec sa verdure faite de bosquets de genévriers et de pins, le plateau ressemblait à un lambeau de Terre qui se serait égaré sur la Lune.

« Nous sommes sans doute au seul point des États-Unis d'où l'on peut voir ce qui se passe dans quatre États à la fois, expliqua Loup-Solitaire à un Indy médusé. Derrière nous, c'est le Colorado, là-devant, l'Utah, sur ta gauche, le Nouveau-Mexique et l'Arizona. »

Une position aussi stratégique devait forcément avoir incité des hommes à s'y installer. Il y avait d'ailleurs quelques ruines, d'allure fort ancienne, pour prouver que c'était bien le cas depuis longtemps. Les murs de pierre étaient presque tous écroulés et il n'y avait plus trace de toitures, mais il était visible que certaines des constructions s'étaient élevées sur plusieurs étages.

« Ce sont des habitations anasazi, précisa Loup-Solitaire avec un soupçon de fierté dans la voix. M. Fewkes estime qu'elles datent de l'an mil.

— Anasazi ?

— Personne ne sait comment ils se dénommaient eux-mêmes. Comme il faut bien les désigner, on les appelle Anasazi. C'est un mot navajo qui signifie tout simplement "les ancêtres". »

L'an mil ? s'étonna Indy. Ces ruines-là ne

ressemblaient en rien à ce qu'il avait pu voir jusqu'ici de par le monde, où il avait pourtant beaucoup voyagé. Il avait visité des châteaux forts en Europe, qui dataient du temps des chevaliers en armure, des heaumes empanachés, et des palefrois richement caparaçonnés. Mais il n'avait jamais soupçonné qu'à peu près à la même époque, en Amérique du Nord, des Indiens bâtissaient des petites villes comme celle-ci.

Indy s'approcha d'un restant de muret et passa la main sur les pierres. Elles étaient toutes de la même taille, en forme de briques.

« Ce ne sont pas des moellons, remarqua-t-il. Ces pierres ont été taillées une à une.

— Oui, dit Loup-Solitaire. Par mes ancêtres ! »

Cette fois, le jeune Indien laissait ouvertement éclater son orgueil d'appartenir à une race glorieuse.

« Quoi ? Tu descends des Anasazi ? » demanda Indy, étonné et impressionné à la fois.

Loup-Solitaire ne répondit pas tout de suite. Ses yeux se perdirent d'abord à l'horizon, comme si, en regardant au loin, c'était aussi dans les profondeurs du passé qu'il cherchait à voir clair.

« Peut-être pas directement, reconnut-il enfin, puisque la civilisation anasazi s'est éteinte il y a des siècles. Mais je suis un Indien Pueblo et M. Fewkes pense que les Pueblos sont les héritiers des Anasazi... d'une façon ou d'une autre.

— Et c'est pour cela que tu te passionnes pour ces fouilles ? demanda Indy.

— Exactement. »

Indy s'en alla errer au milieu des ruines, passant lentement de pièce en pièce en cherchant à s'imaginer à quoi pouvait bien ressembler l'endroit lorsqu'il était neuf, avec des gens dedans pour lui donner vie.

En revenant aux chevaux, il trouva Loup-Solitaire qui avait ôté sa chemise, ses mocassins et son bandeau. Son collier reflétait la lumière du soleil qui commençait à décliner.

« Nous allons camper ici pour ce soir, annonça le jeune Indien. Et nous nous remettrons en marche demain dès l'aube.

— Camper ? Quoi ! maintenant ? protesta Indy. Je croyais que tu étais pressé ?

— Et alors ? Cheval qui piaffe n'avance

guère. Mieux vaut découdre qu'arracher. La patience est amère mais son fruit est doux...

— Il fait encore jour ! insista néanmoins Indy.

— Pas pour longtemps. »

Pour signifier que le débat était clos, Loup-Solitaire dessella son cheval. Indy n'eut plus qu'à en faire autant.

« Je vais ramasser du petit bois et nous préparer un bon feu, annonça-t-il ensuite.

— Non, dit sèchement Loup-Solitaire.

— Comment ça, non ?

— Le contraire de oui.

— Et pourquoi donc ? »

Loup-Solitaire ne daigna pas répondre.

« N'essaie pas de me faire accroire que cette terre est sacrée ou quelque chose dans ce goût-là, prévint Indy. Ça ne marchera pas. J'ai vu des traces de foyers dans ces ruines. Les gens qui habitaient ici jadis craignaient le froid comme n'importe qui et on n'a encore rien inventé de mieux qu'un bon feu pour se chauffer, non ? »

Loup-Solitaire contempla un instant Indy d'un air supérieur.

« Bah ! dit-il enfin avec un haussement d'épaules. Avec les fous, il faut foller. »

Et il se détourna pour préparer par terre sa couchette. Indy en conclut que son idée de feu était approuvée. Alors, il rassembla des branchettes qu'il mit en tas dans un cercle de pierre et les enflamma, tandis que Loup-Solitaire contemplait son manège d'un œil impassible. Puis, moroses, ils dînèrent de pain de seigle et de prunes que le jeune Indien avait emportés.

« C'est une maigre pitance, dit Loup-Solitaire en guise de *benedicite*, mais la moitié d'une miche vaut mieux que pas de pain du tout. »

Le reste du repas se passa en silence. Ensuite, ils se couchèrent. Comme Indy avait oublié d'emporter une couverture, Loup-Solitaire fit deux moitiés de la sienne avec son couteau et lui en tendit une.

« Oui, mais comme ça, tu risques de ne pas avoir chaud, protesta Indy, qui avait des scrupules à accepter.

— Ne t'en fais pas, Dieu ménage le froid à la brebis tondue », répondit Loup-Solitaire.

Et il se coucha, aussitôt imité par Indy. Loup-Solitaire s'endormit tout de suite. Pas Indy. En attendant le sommeil, à côté du

feu mourant, il essaya de se remémorer quelques bons proverbes, vieux dictons, spirituelles maximes et sentences bien frappées pour le lendemain. Car, jusqu'ici, il avait l'impression de s'être un peu laissé malmener. « Passe pour aujourd'hui, se dit-il, j'ai été pris au dépourvu. Mais, à partir de demain, il va m'entendre ! »

Hélas ! les proverbes doivent être comme les moutons car, avant d'en avoir compté beaucoup, Indy s'endormit.

Vers le milieu de la nuit, il fut réveillé par des cris lointains où il lui semblait qu'on l'appelait. Croyant à un cauchemar, il n'ouvrit pas les yeux et essaya de se rendormir.

Mais les appels se firent plus proches et plus pressants.

Indy souleva les paupières. La couchette de Loup-Solitaire était là. Vide. Puis il entendit l'écho d'un galop qui s'éloignait.

Aussitôt, Indy fut en alarme. Loup-Solitaire avait-il profité de son sommeil pour lui fausser compagnie ?

Non. Il était là. Pieds nus, torse nu, essoufflé, jambes écartées, mains sur les hanches, l'air courroucé.

« Tu es un dur, toi ! dit-il à Indy sur un ton persiflant. Un dur à réveiller !

— Euh, vois-tu, c'est qu'une bonne conscience..., commença à répliquer Indy en bredouillant.

— Est un mol oreiller, je sais, acheva sèchement Loup-Solitaire. Tu aurais pu venir m'aider ! Ils sont partis à présent.

— Partis ? Qui ça ?

— Les frères Butler. Et ils ont tout emporté. Nos vivres, notre eau... et jusqu'à nos chevaux ! »

4
La confession d'un enfant du début du siècle

« Les frères Butler ? s'exclama Indy, surexcité. Les pilleurs de banque ? Les évadés ? Ici ?

— Eux-mêmes, répondit Loup-Solitaire avec rancœur. Et il n'y a vraiment pas de quoi se réjouir. Maintenant, nous sommes à pied et sans rien à manger ni à boire.

— Mais comment peux-tu être sûr que c'était les frères Butler ? Dans cette obscurité, tu n'as pas pu les voir !

— Bien sûr que non. Mais si le jour a des yeux, la nuit a des oreilles. J'ai entendu du bruit, je me suis réveillé mais, le temps que je me lève, ils étaient déjà repartis !

— Les frères Butler ? insista Indy, sceptique.

— Oui. Ça ne peut être qu'eux. Et c'est ton maudit feu de camp qui les a guidés jusqu'ici !

— Si c'est vrai, pourquoi ne m'as-tu pas empêché de l'allumer ? » s'étonna Indy.

Loup-Solitaire haussa les épaules.

« A laver la tête d'un âne on n'y perd que sa lessive », répondit-il d'un air sombre.

La réplique n'était pas très aimable et Indy songea un instant à se vexer. Mais le jeune Indien paraissait tellement soucieux qu'il changea d'avis.

« Loup-Solitaire, dit-il d'un ton conciliant, je vois bien que quelque chose te préoccupe. Si tu me disais ce que c'est, je pourrais peut-être t'aider.

— M'aider ? Franchement, j'en doute, répondit son compagnon. Mais puisque je t'ai entraîné dans ce pétrin...

— J'ai déjà été en fâcheuse posture plus d'une fois, interrompit Indy. Et je m'en suis toujours sorti...

— Je ne peux pas te promettre que tu

auras autant de chance cette fois-ci, commenta Loup-Solitaire. En attendant, je suis prêt à admettre que je te dois quelques explications et je vais te les donner. Voilà : c'est après moi qu'en ont les frères Butler.

— Ah ! C'est pour cela que tu étais si pressé de quitter Durango ? s'exclama Indy qui croyait soudain tout comprendre. Tu fuyais...

— Moi, fuir ? se récria le jeune Indien en fronçant les sourcils d'un air ombrageux. Non, ce n'est pas si simple. En fait, je cherche l'or.

— L'or ? Quel or ? » demanda Indy avec un hoquet de stupeur.

Loup-Solitaire ne répondit pas tout de suite. Il ramassa des brindilles à l'entour, les jeta sur les braises et souffla dessus pour les faire redémarrer.

« L'or, expliqua-t-il enfin, lorsqu'un peu de chaleur et de lumière fut revenu, l'or que les frères Butler cherchaient chez moi à Durango pas plus tard qu'hier au soir. »

Indy resta bouche bée devant cette réponse qui épaississait encore le mystère. Des questions se pressaient sur ses lèvres, si nombreuses qu'il ne savait par laquelle commencer. Par bonheur, Loup-Solitaire continua de lui-même.

« Si je veux espérer que tu comprennes quelque chose à mon histoire, dit-il, il faut d'abord que je te parle de mon père. C'était un homme secret. Avec moi, il fut toujours doux, et s'il était trop ignorant pour s'occuper lui-même de mon éducation, il veilla cependant à ce que je reçoive l'enseignement des anciens de la tribu de ma mère. Selon moi, mon père n'avait pas le cœur mauvais, quoi qu'on en dise. Mais, hélas ! un cerveau vide est la boutique du diable.

— Qu'entends-tu par "tribu de ma mère" ? s'étonna Indy. Ton père n'était pas indien ?

— Non, c'était un Visage pâle, comme on dit. On n'a jamais su de quoi il vivait ni à quoi il passait son temps en dehors de la maison. Ma mère était trop docile et moi trop jeune pour oser le questionner. Toujours est-il qu'il avait coutume de s'absenter, parfois une soirée, parfois une nuit entière. Il arrivait aussi que ses absences durent plusieurs jours. Et souvent, lorsqu'il rentrait, il rapportait de l'argent, parfois de fortes sommes. J'ai toujours soupçonné que ses activités n'étaient pas très honnêtes. C'est pourquoi je ne fus qu'à demi surpris d'apprendre que, lorsque les frères Butler attaquèrent la banque de Durango, mon père était avec eux... »

Loup-Solitaire marqua une pause pendant laquelle il resta silencieux, tout en gribouillant des arabesques dans la poussière avec la pointe de son couteau.

« Que s'est-il passé ce jour-là ? insista Indy, passionné.

— Tout alla de travers, répondit Loup-Solitaire d'une voix qui traînait lugubrement. Leur plan était de se séparer après avoir dévalisé la banque et de se retrouver par la suite dans un endroit sûr pour partager le butin. Mais il se passa quelque chose de terrible qui vint tout bouleverser.

— Un homme a été tué ? souffla Indy.

— C'est cela. Un pauvre diable d'Indien Pueblo, de Taos, comme ma mère. Il était venu à Durango pour vendre au marché les produits de son artisanat : des breloques en turquoise, des tapis, des couvertures. Il se trouvait par malheur devant la banque au moment du hold-up. John Butler l'a tué. John, c'est le plus jeune des deux frères. Et le plus vicieux aussi. L'aîné a pour surnom le Crotale. »

Indy frissonna : tout le monde sait qu'il n'avait jamais aimé les serpents.

« John, lui, on l'appelle simplement John, enchaîna Loup-Solitaire. Pas par respect, mais parce qu'on n'a pas trouvé d'animal assez pervers pour lui être comparé. C'est tout dire ! Bref, leur mauvais coup fait, les frères Butler, en sortant de la banque, se trouvèrent nez à nez avec ce malheureux Indien. Tous les témoins s'accordent à dire que le pauvre vieux n'entreprit rien pour les empêcher de s'enfuir et qu'au contraire, il s'écartait pour leur faire place lorsque John Butler lui tira une balle entre les deux yeux.

— Pourquoi ? murmura Indy, horrifié.

— Pour rien, répondit sèchement Loup-Solitaire.

— Mais enfin, on ne tue pas les gens pour rien ! s'insurgea Indy.

— Les "gens", peut-être, concéda Loup-Solitaire d'un ton acidulé. Mais les Indiens, si, souvent... »

Quelque part dans la nuit retentit un ululement funèbre, comme si quelque vieux hibou insomniaque avait entendu de loin les tristes confidences de Loup-Solitaire. Indy était glacé jusqu'à la moelle.

« Après le hold-up, continua Loup-Solitaire, mon père emporta l'or dérobé et prit dans une direction tandis que les frères Butler s'en allaient dans une autre. C'est ainsi que les choses étaient convenues entre les trois complices. Ils étaient censés se retrouver quelque part au Nouveau-Mexique. Seulement, après l'assassinat du vieil Indien, mon père décida de ne plus jouer franc jeu. Il s'arrêta en chemin et cacha l'or dans un endroit où les frères Butler ne risquaient pas de le trouver. Et puis, il se rendit quand même au rendez-vous qu'il avait avec eux dans l'intention de leur faire croire qu'il se l'était fait dérober en route par de plus voleurs que lui. »

Indy tiqua.

« Quoi, ton père leur a dit ça ? s'écria-t-il. Et il a vraiment eu la naïveté d'espérer que les autres le croiraient ?

— Hé oui... soupira Loup-Solitaire. Vois-tu, il était de ces hommes qui passent pour sages tant qu'ils se taisent mais qui démontrent leur folie aussitôt qu'ils parlent. Bref, les autres l'ont tué net sans même lui laisser le temps de finir sa phrase. On le sait car ils ne s'en sont pas cachés...

— C'est terrible, murmura Indy.

— Sans doute », répondit Loup-Solitaire.

Une ombre passa dans les yeux du jeune Indien comme un nuage d'orage dans un ciel clair, mais il enchaîna aussitôt, ne souhaitant pas s'appesantir sur son deuil :

« Maintenant, tu te demandes peut-être pourquoi les frères Butler m'ont suivi jusqu'ici ? »

Indy approuva d'un hochement de tête.

« Eh bien, parce qu'ils ont découvert que mon père avait caché leur or ici même, à Mesa Verde.

— Ah ! fit seulement Indy, sidéré.

— Oui. Je le sais car mon père avait écrit une lettre à ma mère juste avant d'aller rejoindre les frères Butler. Il lui disait qu'il avait caché l'or dans l'une des ruines de Mesa Verde, derrière un faux mur sur lequel il avait gravé une inscription qui ressemblait à celles des Anasazi. Il en avait reproduit le dessin dans sa lettre : un carré, avec un autre carré un peu plus petit à l'intérieur, plus une diagonale et des petits traits obliques, comme ça... »

Tout en parlant, Loup-Solitaire avait dessiné le symbole en question dans la poussière avec son couteau.

Voici à peu près ce que cela donnait :

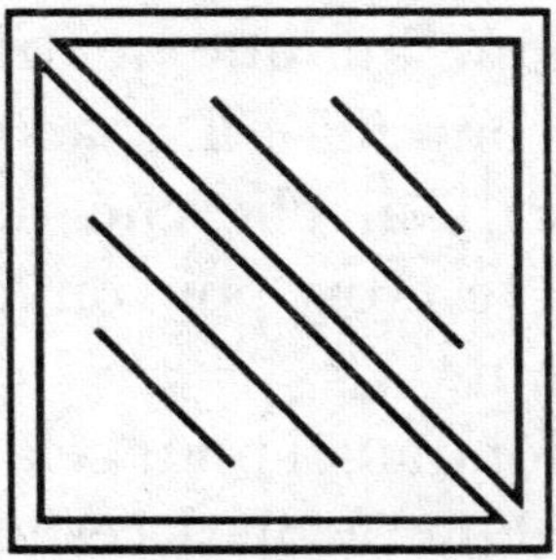

« Mon père, ajouta le jeune Indien, disait aussi qu'il avait caché l'or dans une des pièces de notre lieu de promenade favori.

— Tu sais donc où il se trouve ! s'exclama Indy.

— Ce serait trop beau ! répondit Loup-Solitaire avec un rire amer. Non, mon père et moi venions souvent nous promener ici quand j'étais jeune... c'est-à-dire avant que le Congrès n'envoie M. Fewkes pour arrêter le saccage, lorsque n'importe qui pouvait encore baguenauder librement dans les ruines. Le problème, c'est que mon père avait ses préférences et moi les miennes. J'adorais les ruines qu'on appelle "le Palais dans la Falaise" et lui "la Maison de l'Epicéa". »

Loup-Solitaire effaça son dessin dans la poussière, du dos de la main.

« Depuis un an que je travaille avec M. Fewkes, continua-t-il, chaque fois que je suis venu ici, j'ai cherché dans l'un ou l'autre lieu. Je crois pouvoir dire que j'ai fouillé partout.

— C'est donc aussi pour cela que tu aides M. Fewkes ? Pour avoir accès ici plus facilement ? s'exclama Indy.

— Oui.

— Et tu m'as menti cet après-midi en me laissant croire que c'était seulement par passion pour le passé de tes ancêtres anasazi ?

— Dame ! reconnut Loup-Solitaire. Commence par dire un mensonge à ton ami ; s'il sait le garder, alors, dis-lui la vérité. C'est un des plus jolis et des plus sages proverbes que je connaisse.

— Et Dieu sait si tu en connais ! soupira Indy en levant les yeux au ciel.

— Les proverbes disent ce que le peuple pense, répliqua aussitôt le jeune Indien, piqué au vif. Maintenant, tu peux dire que tu en sais aussi long que moi sur le trésor secret de Mesa Verde.

— Pas tout à fait, rectifia Indy. Il me reste une question sans réponse. Comment les frères Butler ont-ils su que l'or était ici ?

— Je vais te le dire : hier, ma mère et moi étions allés rendre visite à un ami malade et lorsque nous sommes rentrés, nous avons trouvé la maison sens dessus dessous. C'étaient évidemment les frères Butler qui étaient passés par là, cherchant leur or. Bien sûr, ils n'en trouvèrent pas un gramme. Mais, à la place, ils mirent la main sur la lettre de mon père. Et maintenant, ils ont tous les atouts en main : non seulement la lettre mais notre eau, nos vivres et nos chevaux... »

La voix de Loup-Solitaire s'éteignit.

« Oui, mais toi, tu as un sacré joker dans ta manche ! dit Indy avec enthousiasme.

— Ah, oui ? Lequel ?

— Moi !

— Ouais..., fit le jeune Indien, plus que sceptique.

— Je t'assure, insista Indy, piqué. J'ai un copain dans le New Jersey qui est si gourmand qu'il se vante de pouvoir renifler l'odeur d'une tarte aux pommes qui cuit au Canada! Eh bien, moi, c'est l'or que je renifle à des kilomètres, je t'assure. Et non seulement l'or, mais les bijoux, les vieux ossements. Où que ce soit, si c'est caché et intéressant, c'est pour moi. Tu vas voir. Moi, je suis né pour trouver l'introuvable. »

Le jeune Indien hocha la tête.

« Tu sais pourquoi on m'appelle Loup-Solitaire? demanda-t-il. Parce que j'ai été banni de la meute. Les Blancs me haïssent parce que je suis un Indien et les miens parce que je ne suis qu'à moitié des leurs, tu comprends? Je suis maudit, mon petit ami. Tu n'as rien à faire avec moi. »

C'était apparemment sans réplique. Mais Indy sourit, car il tenait une réponse.

« Quand ton ami est borgne..., commença-t-il à dire.

— Regarde-le de profil, je sais! »

5
Les voyageurs sans bagages

Comme il y avait un peu de lune, les deux jeunes gens décidèrent d'un commun accord de se mettre en route sur-le-champ. Mieux valait progresser pendant que les funestes frères Butler dormaient plutôt que lorsqu'ils étaient éveillés.

« Quelle est notre prochaine destination ? demanda Indy en pliant sa demi-couverture, la seule chose que les pillards lui avaient laissée. Le Palais de la Falaise ou la Maison de l'Épicéa ?

— Le plus proche des deux, répondit

Loup-Solitaire. La Maison de l'Épicéa. C'est à six ou sept kilomètres d'ici, plein sud.

— Oh, alors! s'exclama Indy, confiant. Nous y serons dans moins de deux heures!

— Prends-y garde! répliqua le jeune Indien. Dans ces contrées, les kilomètres comptent triple. Nous aurons de la chance si nous y parvenons seulement avant l'aube. »

Loup-Solitaire avait vu juste. Après deux heures de marche pénible sur des sentiers rocailleux qui serpentaient vers le sud, les deux compères ne voyaient toujours rien se profiler. L'air était froid et pauvre en oxygène. Indy ahanait. Il avait l'impression de traîner une paire de pieds de plomb au bout d'une paire de jambes en coton. Quant à Loup-Solitaire, il tournait en direction des étoiles des regards de plus en plus fréquents et perplexes. Il était perdu! A eux deux, un infirme et un égaré, errant et peinant dans le désert, ils formaient un étrange convoi.

« Tu sais à quoi je pense en nous voyant? demanda Indy à son compagnon, l'air mi-figue mi-raisin. A la fable de l'aveugle et du paralytique...

— Oui, répondit le jeune Indien. Sauf que, cette fois, c'est l'aveugle qui conduit le paralytique! »

Bientôt, ne sachant plus quel chemin ils avaient parcouru, incertains de celui qui leur restait et de toute façon trop las pour continuer, ils trouvèrent une niche sûre entre deux rochers et s'y couchèrent pour se refaire des forces en attendant d'y voir plus clair.

Indy se choisit une pierre ronde pour s'en faire un oreiller. A peine y eut-il posé la tête qu'il s'endormit comme sur le plus moelleux des coussins.

Après un laps de temps indéfinissable, Loup-Solitaire le ramena à la vie d'une tape sur l'épaule. A travers ses paupières gonflées, Indy s'aperçut que le ciel s'était encore obscurci.

« Quoi! Déjà? protesta-t-il d'une voix pâteuse. Il fait toujours noir!

— L'heure la plus sombre est celle qui précède l'aurore! énonça sentencieusement Loup-Solitaire pour toute réponse.

— Tu connais le proverbe irlandais? demanda Indy. Mieux vaut avoir de la chance...

— Que se lever tôt, coupa le jeune Indien. Oui, je le connais. Mais il ne vaut rien. La fortune appartient à ceux qui se lèvent tôt, voilà un proverbe selon mon cœur ! Maintenant, en route ! »

Sans un mot de plus, ils levèrent le camp et reprirent leur marche. Très vite, le noir du ciel vira au gris, puis vinrent s'y mêler des nuances de bleu, de plus en plus claires, jusqu'à ce que le soleil surgissant y déverse toute sa palette.

« L'aube ! » annonça Loup-Solitaire, d'un air si bravache qu'on aurait pu croire que, ma foi ! c'était son œuvre.

En même temps, il montra l'horizon, du côté de Durango, badigeonné de vermillon, de rose et d'orange. Dans cette clarté invraisemblable, qui faisait ressembler la voûte céleste tout entière à un gigantesque arc-en-ciel, Indy aperçut soudain, juste devant eux, un canyon aux versants abrupts, qui sciait en deux la mesa.

« Nous y sommes, dit alors Loup-Solitaire d'une voix tranquille. La Maison de l'Épicéa. »

Indy s'assit sur un rocher et regarda autour de lui, cherchant des yeux les ruines.

Mais il ne vit rien qu'arbres biscornus, ronces revêches, cactus rudes, sèches parois rocheuses, pierres grosses, moyennes et petites, poussière – et la plaie béante du canyon.

« Où ? »

Loup-Solitaire montra du doigt le fond du précipice. Indy s'approcha du bord et regarda mieux. Ce qu'il vit alors lui coupa le souffle.

C'était – sur le versant opposé, à une centaine de mètres en contrebas, accrochés à une corniche, abrités des intempéries et des entreprises ennemies par le toit d'une fantastique caverne – les vestiges d'un grand village troglodyte, presque invisible de prime abord dans la paroi rocheuse.

Simplicité. Beauté. Étrangeté. Ces ruines-là ne rappelaient en rien celles vues la veille. Hier, il s'agissait banalement d'une bâtisse de pierre érigée sur un plateau, que l'ancienneté seule rendait remarquable. Ici, les pièces, étagées sur plusieurs niveaux, certaines rondes, certaines cubiques, faisaient d'abord penser à un empilement de boîtes à chaussures et de cartons à chapeaux. Mais, comme beaucoup de murs étaient éboulés, ce qui restait ressemblait plutôt aux ramifications d'un labyrinthe vertical. A le contempler, il évoquait l'existence d'une race étrange, mi-homme mi-fourmi.

« Les ruines, c'est comme le vin, décréta Indy en clapant de la langue comme un gourmet. Elles se bonifient en vieillissant. Et, celles-là, crois-moi, c'est un grand cru ! Mais je ne vois pas le fameux épicéa ? ajouta-t-il, étonné.

— Il n'y en a jamais eu, dit Loup-Solitaire.

— Mais alors, pourquoi cet endroit s'appelle-t-il la Maison de l'Épicéa ?

— C'est une longue histoire, soupira le jeune Indien.

— Raconte. »

Étant donné les circonstances, Loup-Solitaire n'était sans doute pas disposé à perdre du temps en parlotes mais, comme Indy semblait déterminé à ne pas faire un pas de plus, il fallut bien lui donner satisfaction.

« C'est bon, maugréa Loup-Solitaire. Voici : des gens savaient depuis longtemps qu'il y avait des ruines sur Mesa Verde. Mais ce sont les frères Wetherill qui passent pour avoir découvert l'endroit où nous sommes, aux alentours de l'an 1900. Il s'agissait de deux fermiers, qui avaient un ranch sur les contreforts de la mesa.

« Note bien qu'ils n'en étaient pas à leur coup d'essai, continua Loup-Solitaire. Ils avaient déjà fait pas mal de découvertes auparavant. A commencer par le Palais de la Falaise, un jour de décembre 1888, alors qu'ils recherchaient du bétail égaré.

— Tel qui suit un âne..., intervint Indy.

— Trouve parfois Byzance! trancha Loup-Solitaire, je sais! Naturellement, enchaîna-t-il, après cette trouvaille, les frères Wetherill furent incités à revenir souvent se promener sur le plateau. L'appétit vient en mangeant. De chacune de leurs expéditions, ils rapportaient toutes sortes de petits souvenirs : paniers, poteries, outils, objets de cultes... Ils n'étaient d'ailleurs pas les seuls à se servir parmi tous ces trésors inestimables! Mais passons. Un beau jour, les frères Wetherill tombèrent nez à nez avec un énorme conifère dont les racines plongeaient dans les abîmes d'un canyon. En descendant de branche en branche le long du tronc de cet arbre vénérable, ils trouvèrent... ceci! »

Loup-Solitaire fit une pause, le temps de reprendre son souffle et de montrer les ruines étalées en dessous d'eux.

« L'arbre était un pin d'Oregon. Comme les deux frères n'y connaissaient pas grand-chose en botanique, ils le confondirent avec un épicéa, et comme ils n'avaient pas beaucoup d'imagination, ils baptisèrent l'endroit : la Maison de l'Épicéa. Voilà pourquoi je te disais tout à l'heure que, malgré leur nom, il n'y eut jamais en ces lieux l'ombre du fantôme du moindre épicéa.

— Et où est-il passé? demanda Indy, intrigué. Le pin d'Oregon?

— Un Suédois l'a coupé, répondit Loup-Solitaire d'une voix sépulcrale.

— Quoi? Comment peut-on? s'indigna Indy.

— Avec une scie, je suppose... »

D'un haussement d'épaules, Indy fit un sort à cette réponse pince-sans-rire.

« Mais, grands dieux, pourquoi? insista-t-il.

— Pour savoir son âge.

— A quoi bon? »

Le jeune Indien fit une moue dédaigneuse.

« Va comprendre ! A chaque fou sa marotte, pas vrai ?... Bon, maintenant que tu sais tout, si on y allait ?

— Là, en bas ? se récria Indy. Par quel chemin ? »

La voie qu'empruntaient en leur temps les Anasazi pour regagner leur refuge ou en sortir était sur l'autre versant du précipice — des marches grossièrement taillées à même la roche, érodées par le passage de nombreux siècles. Les deux compagnons passèrent par un chemin qu'avait ouvert M. Fewkes, qui zigzaguait le long de la paroi comme la foudre sur le ciel. Le soleil commençait déjà à devenir chaud. Indy ressentit les premières atteintes de la soif et, parvenu au fond du ravin, il demanda à boire avant toute chose.

« Il doit y avoir de l'eau dans les alentours, dit-il avec assurance. Je n'ai jamais vu une communauté humaine se fonder loin d'un point d'eau. »

Il était dans le vrai. Loup-Solitaire le guida jusqu'à une source, à une centaine de mètres à l'écart des ruines — si l'on peut appeler « source » un filet d'eau fin comme un cheveu, qui suinte péniblement entre deux rochers. Il fallait au moins deux minutes pour en remplir le creux de sa main! Les deux garçons burent chacun son tour.

« Ne me dis pas que c'est là que les Anasazi s'approvisionnaient en eau potable? protesta Indy.

— Goutte à goutte, l'eau scie la roche, répondit Loup Solaire.

— Quoi! c'est vraiment tout ce qu'ils avaient! Pas d'autre puits nulle part?

— Non. A deux lieues à la ronde, tout est sec comme de la caroube.

— Alors, j'espère pour eux que le débit était plus abondant à leur époque.

— On n'en sait rien.

— Sinon, tout le mal que je leur souhaite, c'est de n'avoir jamais eu le hoquet. »

Lorsque Loup-Solitaire eut bu, Indy, qui avait encore un peu soif, se serait bien resservi, mais le jeune Indien l'en dissuada.

« Nous n'avons pas beaucoup de temps, dit-il. Et pas mal de pain sur la planche avec tous ces murs à inspecter.

— Combien y a-t-il de pièces dans la Maison de l'Épicéa?

— J'en ai compté 114, répondit Loup-Solitaire.

— Diable ! Nous ne sommes pas sortis de l'auberge ! s'exclama Indy.

— Tss, tss, tss ! fit son compagnon en fronçant les sourcils. S'il est juste de louer Dieu, il n'est pas sage d'injurier le diable... »

A peu près désaltérés, ils s'en retournèrent aux ruines, qu'ils se partagèrent, Loup-Solitaire décidant qu'Indy commencerait par un bout et lui-même par l'autre.

« Pas la peine de s'éterniser, dit-il. Tu entres dans une pièce, tu regardes aux quatre coins, et si la marque n'y est pas, tu passes à la suivante... Si tu trouves quelque chose, ou si tu as besoin d'aide...

— Je t'appelle ?

— Tu imites le cri d'un animal ! rectifia le jeune Indien. De cette façon, si par malheur les frères Butler se trouvent dans les parages et t'entendent, ils ne sont pas obligés de comprendre que c'est nous.

— O.K. ! approuva Indy avec un hochement de tête.

— A condition que tu saches imiter le cri d'un animal ? ajouta sarcastiquement le jeune Indien.

— Pas de problème, répliqua Indy du tac au tac. Je sais faire à volonté le rhinocéros, le phoque ou le goéland ! »

Sur cette fine réplique, Indy partit inspecter sa portion de ruines. Il y pénétra par une porte si basse qu'il dut se baisser pour ne pas se cogner au linteau. L'ouverture n'en était pas rectangulaire mais en forme de croix de Saint-André : on l'aurait dite découpée exprès pour livrer passage à un pygmée portant un joug sur les épaules.

Indy se retrouva dans une pièce approximativement carrée, si exiguë qu'on allait d'un mur à l'autre en trois enjambées. Ces logements grands comme la main étaient assez dans le goût d'Indy. Il avait toujours éprouvé une sorte de malaise dans les vastes appartements des vieux châteaux qu'il avait visités en Europe : pourquoi diable les châtelains avaient-ils imaginé d'abriter leur vie de famille dans des chambres grandes comme des salles communes d'hôpital ? Comment avaient-ils pu dormir dans des monuments à baldaquins qui ressemblaient plus à des vaisseaux en perdition qu'à des lits ? Pour sa part, il préférait de beaucoup des habitations telles que celles qu'ils avait vues à Pompéi par exemple : grandes comme des mouchoirs de poche ! Et la pièce dans laquelle il se trouvait, où avait dû demeurer une famille anasazi tout entière, lui plut, car elle semblait témoigner du même art de vivre dans l'intimité.

Indy se rapprocha de l'un des murs et y passa la main. La surface était presque lisse. Par endroits, l'enduit de plâtre tenait encore aux pierres. Le revêtement avait été appliqué à la main et non à l'aide d'une truelle car, çà et là, on pouvait y voir encore l'empreinte d'un doigt ou d'une paume. Avec un pincement au cœur, Indy songea à l'homme qui les avait laissées et il se dit que c'était pour ce genre d'émotions-là qu'il avait la vocation de l'archéologie.

Sur l'un des murs de la pièce, Indy distingua les contours d'une fresque peinte, mais le dessin qu'il cherchait n'y était pas...

Comme il se retournait pour sortir, il eut la surprise de voir apparaître Loup-Solitaire dans l'encadrement de la porte. D'une voix essoufflée, son compagnon lui demanda si tout allait bien. Indy, surpris, répondit que oui.

« Alors, pourquoi m'as-tu appelé ?

— Je ne t'ai pas appelé, protesta Indy.

— J'ai entendu un coyote crier, expliqua Loup-Solitaire. J'ai pensé que c'était toi.

— Moi, imiter un coyote ? s'exclama Indy.

Franchement, ça m'étonnerait ! Si tu te souviens bien de ce que je t'ai dit tout à l'heure, cette bête-là n'est pas à mon répertoire. Non, ce que tu auras entendu, c'est le cri d'un vrai coyote. Hé ! il ne faut pas confondre "autour"...

— "Avec alentour", je sais », acheva sèchement Loup-Solitaire.

Puis il enchaîna :

« As-tu trouvé quelque chose ?

— Non. Et toi ?

— Moi non plus, admit le jeune Indien, à contrecœur. Sur ce, j'y retourne, ajouta-t-il en s'éloignant. Et cette fois, pas de blague ! Ne m'appelle pas pour rien, d'accord ? A force de crier au Loup-Solitaire, tu sais ce qui arrive !

— Mais puisque je te dis que je ne t'ai pas appelé ! s'insurgea Indy. D'ailleurs, je m'y connais si peu en jappements qu'un coyote aurait plus vite fait d'apprendre à imiter ma voix que moi la sienne. »

Après cet intermède, la fouille de la Maison de l'Épicéa reprit de plus belle, Indy de son côté et Loup-Solitaire du sien. Au bout d'une heure passée en vaines recherches au rez-de-chaussée, Indy grimpa le long d'une échelle jusqu'au premier étage. La pièce devant laquelle il se trouva d'emblée était sombre, n'ayant qu'une fenêtre étroite comme une meurtrière.

Il y pénétra néanmoins. C'est alors qu'il l'entendit distinctement. Le cri. Le jappement de coyote. Non pas dans le lointain. Mais juste là. A deux pas!

Puis une grosse voix résonna dans la pièce :

« Holà! Qui vient troubler la paix du coyote dans son repaire? »

6

L'inconnu dans la Maison de l'Épicéa

Au fur et à mesure que ses yeux s'accoutumaient à l'obscurité, Indy découvrit bien des choses, dans cette grotte obscure qui aurait dû être inhabitée... Un lit – enfin, un grabat malpropre – ; une cafetière – enfin, un pot cabossé qui sentait le marc de café – ; un poêle – enfin, une espèce de braséro sur un trépied bancal. Mais, d'abord, il découvrit un fusil – enfin, une espèce de monumentale arquebuse à large gueule.

Le canon en était pointé droit sur son cœur.

Indy cessa de respirer.

L'homme qui tenait l'arme était vieux et sec comme une momie, mais droit comme un « i ». Son visage était si blanc qu'il paraissait luire comme une luciole dans la pénombre. On n'en voyait que la moitié supérieure. Le reste était couvert d'une épaisse barbe grise qui lui tombait bas sur la poitrine. Il était chauve sauf des touffes de cheveux blancs qui surgissaient de ses tempes. Ses vêtements suivaient la mode des prospecteurs de l'ancien temps : ample chemise et pantalon de lainage grossier, bottes. L'ensemble était si sale des pieds à la tête qu'on l'aurait dit pétri de poussière.

« Saperlipopatalo ! » s'exclama le vieux bonhomme en se rapprochant.

Il appliqua le canon de son tromblon contre la poitrine d'Indy, dont le cœur s'affola.

« Saperlipopatalo ! répéta le vieux. Regardez-moi ça, cette jolie petite caille bien grasse qui rend visite au coyote ! C'est gentil, ça ! Gentil tout plein. Mais peu prudent !... »

Le vieux considéra Indy d'un œil à la fois gourmand et soupçonneux, comme devant un mets engageant mais d'une fraîcheur incertaine.

« Allez, fais-moi plaisir, ma petite caille dodue ! dit-il. Glousse un peu, saperlipopatalo !

— Une caille ne glousse pas, répondit Indy d'une voix blanche. Elle cacabe, elle courcaille, elle margotte, à la rigueur elle pituite... mais jamais, au grand jamais, elle ne glousse !

— Quoi ? » fit le vieux, interloqué.

Indy était ainsi fait : il n'aurait pas osé remuer un cil, mais il ne pouvait tenir sa langue.

« C'est la perdrix qui glousse », précisa-t-il, emporté par son élan.

Le drôle de vieux bonhomme, de plus en plus dérouté, réagit par la menace.

« Tu fais le fanfaron, saperlipopatalo ! dit-il en pressant plus fort contre la poitrine d'Indy le canon de son arme. Si tu continues, tu ne vas pas tarder à faire la connaissance de Nuage-d'Orage ! »

Indy ravala sa salive et loucha sur le tromblon. Pas besoin d'être prophète pour deviner qui était Nuage-d'Orage...

« Tu te prends pour un dompteur, ou

quoi ? ricana le vieux en remarquant le fouet à la ceinture d'Indy. Pose-moi ça par terre ! Va dou-ce-ment », précisa-t-il en détachant bien les syllabes.

Sans geste superflu, Indy obéit à son hôte sympathique.

« C'est bien, approuva le bonhomme. Maintenant, toi qui es si malin, sais-tu comment on appelle un vieil ermite dans une ruine avec un fusil ? »

Indy, prudemment, répondit non, d'un bref signe de tête.

« Eh bien, saperlipopatalo ! On l'appelle "Monsieur" ! Voilà comment on l'appelle... »

Au-dehors, retentit un hurlement de loup. C'était Loup-Solitaire, évidemment. Indy aurait voulu lui crier de prendre garde, mais il craignait de froisser la susceptibilité de Nuage-d'Orage.

Le vieux bonhomme aussi avait entendu Loup-Solitaire. Il fit signe à Indy de s'avancer dans la pièce et prit place près de la porte, d'où il pouvait continuer de le tenir en joue tout en surveillant au-dehors.

Il y eut un autre cri de loup, puis des bruits de pas qui se rapprochaient.

« Ohé ? fit tranquillement Loup-Solitaire en passant la tête dans la pièce.

– Pose ton couteau, jeune brave ! » ordonna le vieillard d'un ton sans réplique.

Aussitôt qu'il put distinguer l'arme à feu, Loup-Solitaire obéit et son poignard rejoignit le fouet d'Indy dans la poussière.

« C'est bien ! approuva le drôle de personnage. Tu m'as l'air plus raisonnable que ton ami. Tu sais qu'il y a trois sortes de personnes avec qui il ne faut jamais discuter, saperlipopatalo ? Les sourds, parce qu'ils ne peuvent entendre raison, les imbéciles, parce qu'ils ont toujours tort, et les gens armés : avec le doigt sur la détente, même quand ils ont tort, ils ont quand même raison... »

Le vieux posa le pied sur le poignard tombé à terre puis commanda à Loup-Solitaire d'aller se placer dans le coin de la pièce où se tenait déjà Indy. C'est alors seulement qu'il consentit à abaisser de quelques centimètres le canon de son terrible fusil.

« Enfer et damnation ! s'exclama-t-il, tandis que son regard allait d'un garçon à l'autre. Que venez-vous faire dans ma maison, vous deux ? »

La menace qui n'était plus dans le fusil demeurait dans sa voix.

« Votre maison ? s'étonna Loup-Solitaire.

— Ma maison, oui, saperlipopatalo ! C'est ici que je suis né, c'est ici que j'ai passé toute ma vie et, si jamais je meurs un jour, c'est ici que ça se passera...

— Si jamais vous mourez un jour ?... répéta Indy, l'air amusé.

— Vous êtes né ici ? s'exclama Loup-Solitaire au même moment d'un ton sceptique.

— Parfaitement, né ici, saperlipopatalo ! répondit le vieux bonhomme. Je suis Coyote-avec-un-Aigle-dans-la-Gueule, le dernier des Anasazi.

— Vous, un Anasazi ? répliqua Loup-Solitaire. Allons donc, l'ancêtre ! La lune vous a-t-elle rongé le cerveau ? Voilà sept cents ans que les Anasazi ont disparu. Et puis, vous êtes un Visage pâle.

— Peut-être que toi aussi tu auras blanchi lorsque que tu auras vécu sept siècles et demi ! rétorqua le vieux.

— Vous avez vraiment sept cent cinquante ans ? demanda poliment Indy.

— Sept cent quarante neuf et demi.

— On peut dire que vous ne les faites

pas, commenta Loup-Solitaire sur le ton le plus sérieux du monde.

— Coyote-avec-un-Aigle-dans-la-Gueule, reprit Indy. C'est un drôle de nom.

— Pas plus drôle que le tien, je parie, répliqua le vieux, piqué au vif. Comment t'appelles-tu, au fait ? Et toi ? »

C'est Loup-Solitaire qui répondit en premier.

« Mon père était un Blanc, dit-il. Il m'appelait par un nom de Blanc. »

Le vieux hocha la tête.

« Mais, saperlipopatalo ! ce n'est pas ton père qui t'a nommé ! dit-il sévèrement. Le jour de ta naissance, comment est-ce que l'homme-médecine a dit à ta mère de t'appeler ? »

Loup-Solitaire tiqua et resta un instant silencieux.

« Il me dénomma Ciel-Blanc, dit-il enfin.

— Parce qu'il y avait du blizzard ce jour-là, ajouta le vieux. Je vois, saperlipopatalo ! Et quel est ton nom d'homme ?

— Loup-Solitaire.

— Toujours un pied dans la meute et l'autre au-dehors, dit le vieil homme en hochant tristement la tête. Je vois, saperlipopatalo !

— Comment savez-vous que les Indiens Pueblos ont plusieurs noms au cours de leur vie ? demanda Loup-Solitaire.

— Parce que c'est moi qui ai inventé cette coutume il y a quatre cent trente-trois ans, mon jeune ami !

— A quoi bon ? demanda naïvement Indy.

— De manière que la mort ait plus de mal à nous retrouver, tu comprends ? répondit le drôle de vieux. Cette idée, c'est moi qui l'ai eue, ça ! je peux le dire, saperlipopatalo ! Moi, vous savez comment ils m'avaient appelé à ma naissance ? Lynx-de-Plomb ! »

Indy et Loup-Solitaire échangèrent un regard et se retinrent à temps de rire.

« Parce que j'étais énorme, pataud et que je piaulais tout le temps, saperlipopatalo ! expliqua le poussiéreux vieillard. Et puis, je suis devenu Coyote-avec-un-Aigle-dans-la-Gueule à l'âge d'homme. »

Il regarda Indy.

« Et toi ? »

Indy hésita.

« Hum ! Henry Jones Junior, annonça-t-il finalement. Mais je suis devenu Indiana Jones à l'âge d'homme. »

Le vieillard sourit. Il avait encore quelques dents, presque aussi noires que les trous laissés par celles qui lui manquaient. Il revint à Loup-Solitaire.

« De quel clan es-tu, jeune guerrier ? s'enquit-il.

— Je suis un Tao.

— Les Taos sont tous sortis des reins de Coyote-avec-un-Aigle-dans-la-Gueule, proclama fièrement le vieux. Et non seulement les Taos, mais les Tanoans, les Hopis, les Zunis, les Tewas, les Tiwas, les Towas !... Tous autant que vous êtes, saperlipopatalo ! vous êtes mes fils et mes filles... Partout où tu vois un Indien Pueblo, dis-toi que tu vois le fruit d'une des graines semées jadis par moi, le dernier des Anasazi ! »

Il s'interrompit et demeura un long instant silencieux, les yeux dans le vague.

« C'était il y a si longtemps, finit-il par reprendre, pensivement. Bien avant que mon peuple ne quitte cette vallée et ne se disperse aux quatre vents... »

Là, il s'interrompit de nouveau, mais, cette fois, ce fut pour redresser sa redoutable pétoire et la pointer droit sur Indy. Cela n'avait pas de sens, mais avec un fou, il faut s'attendre à tout.

C'est qu'il avait l'œil mauvais !

Et, par Dieu, il visait la tête...

Indy vit distinctement le doigt presser la détente.

Il n'eut même pas le temps de penser : « Je meurs ! »

Une fraction de seconde plus tard retentit un grand boum...

7
Le banquet

La détonation assourdissante fit trembler les murs de la petite pièce, qui s'emplit en un instant d'une fumée épaisse et âcre. Indy s'était couvert le visage de ses mains. Il sentit l'air frémir tout près de son oreille. Ses jambes se dérobèrent sous lui. A moitié évanoui de peur, il se laissa glisser sur le sol et y demeura prostré, à l'écoute des battements désordonnés de son cœur.

« Hé ! mon ami, ça ne va pas ? demanda Loup-Solitaire.

— Tu irais bien, toi, si tu étais mort ? »

rétorqua Indy en relevant brusquement la tête.

Encore tremblant, assis par terre, il s'adossa contre le mur pour s'inspecter. La tête, les bras, les jambes, tout était à sa place. Pas percé, pas saignant. Nulle part, ni plaie, ni bosse. Pas de douleur non plus. Rien qu'une impression soudaine de froid, comme si son sang charriait des glaçons. Hors cela, il était sain et sauf. La balle ne l'avait pas atteint.

« Hé, toi, là, vieux fou ! pourquoi as-tu fait ça ! » hurla-t-il au bonhomme, avec, dans la voix, ce genre de rage meurtrière qui suit ordinairement une grande peur.

Au même moment, un serpent se détacha d'une saillie au-dessus de la tête d'Indy et vint tomber sur ses genoux. C'était une bête d'une longueur démesurée, de teinte brunâtre cerclée de noir et d'ocre. Son corps était plus ferme que les muscles d'un hercule et d'un froid pénétrant comme l'éther. A un bout, il avait une queue courte, terminée par un grelot d'os blancs. A l'autre bout, il était proprement décapité. Avec un frisson de dégoût, Indy le repoussa au loin.

« Saperlipopatalo ! Prends-en soin, Indiana de Jones, dit le vieux. C'est notre déjeuner. »

Loup-Solitaire se baissa pour ramasser le déjeuner en question. Indy frémit.

« Plus de crainte à avoir, lui dit le jeune Indien. Une fois la tête du serpent coupée, le reste n'est qu'une corde. »

Il le laissa pendre et l'examina dédaigneusement.

« *Crotalus horridus*, autrement dit : le crotale des bois, annonça-t-il d'un ton neutre. Il était juste derrière toi, sur le point de te boulotter la peau du cou. Parmi les serpents à sonnettes, c'est l'un des plus redoutables... Sa morsure est mortelle à tout coup. Mais c'est aussi, conclut-il facétieusement, l'un des plus savoureux... »

Manger de cette sale bête ? Indy, rien qu'à l'idée, frissonna de plus belle. On sait l'aversion que lui inspiraient les serpents et l'on sait aussi pourquoi. Du coup, lorsqu'une heure plus tard le vieux bonhomme lui tendit un morceau de cette viande maudite, malgré sa faim, il ne voulut pas y toucher.

« Mange, l'encouragea Loup-Solitaire.

Un homme peut vivre de peu mais non pas de rien. »

Et, prêchant d'exemple, il mordit sa portion à belles dents. Écœuré d'avance, au bord de la nausée, Indy l'imita. Cela avait comme une consistance de dinde avec un goût de poulet. Du coup, la faim l'emporta sur la répugnance et il entreprit de tout manger.

La paix régnait désormais entre les trois compagnons. Ils avaient pris place dans une grande pièce ronde, creusée dans le sol, mais à ciel ouvert. Un banc de pierre scellé au mur en faisait le tour. Un feu brûlait en son milieu. Indy était assis à la droite du vieux, Loup-Solitaire à sa gauche. Ils avaient récupéré, qui son fouet, qui son poignard.

« Cette pièce est une “kiva”, expliqua Coyote-avec-un-Aigle-dans-la-Gueule. C'était autrefois un lieu sacré. Les femmes n'y furent jamais admises, ça, non, saperlipopatalo ! C'est là que nous nous réunissions, nous, les hommes de la tribu, pour honorer nos dieux, raconter des histoires glorieuses, nous vanter de nos exploits, tricoter ou tenir conseil. »

Indy tiqua sur un mot.

« Tricoter ? s'étonna-t-il.

— Oui, dans les clans pueblos, ce sont les hommes qui tricotent, murmura Loup-Solitaire en aparté. Mais je ne pense pas que c'était la même chose chez les Anasazi.

— Il a l'air de savoir de quoi il parle, fit observer Indy.

— Pfft ! Si la barbe était signe d'intelligence, la chèvre serait Socrate, conclut dédaigneusement le jeune Indien.

— Nous chantions aussi des chants guerriers, reprit Coyote-avec-un-Aigle-dans-la-Gueule. Mon préféré, c'était *La Marseillaise*...

— *La Marseillaise ?* se récria Loup-Solitaire en s'étranglant presque.

— Oui, confirma le vieux bonhomme. Et *Il pleut bergère*... Celui-là, je l'adorais... »

Indy mordit dans son bout de serpent pour ne pas rire. Loup-Solitaire se rembrunit et haussa les épaules.

« Il déraille, l'ancêtre ! bougonna-t-il entre ses dents.

— Mais tout cela est bien loin ! reprit rêveusement l'étrange vieillard. Aujourd'hui, tout ce qui reste de notre peuple, ce sont ces pierres, tout aussi desséchées que moi. Dire que, dans mon jeune temps, j'ai entendu des rires d'enfants retentir dans ces murs...

— De quoi ce village est-il mort ? demanda Indy. Que s'est-il passé pour que les Anasazi s'en aillent ?

— M. Fewkes pense qu'il y a eu une sécheresse..., intervint Loup-Solitaire.

— Une terrible sécheresse, oui, saperlipopatalo ! confirma le vieil original. Je n'avais pas beaucoup plus d'une centaine d'années à l'époque. Il a passé plus de vingt ans sans pleuvoir !... Pas une seule goutte de pluie en plus de vingt ans, vous vous rendez compte ?... Je m'en souviens, je venais de me remarier...

— Quoi ! A cent ans passés ? s'étonna Indy.

— Pourquoi pas, saperlipopatalo ! répliqua le vieux. Les patriarches, dans la Bible, faisaient-ils autrement ? »

Indy se souvint de son catéchisme et reconnut que non.

« Mais ce n'est pas la sécheresse qui a provoqué le grand exode des Anasazi, continua le vieux. Ton M. Fewkes, ajouta-t-il en se tournant vers Loup-Solitaire, il n'y connaît rien, saperlipopatalo ! Non, ce sont ces maudits pillards qui nous ont chassés.

— Qui ? voulut savoir Indy.

— Les Athapascans et les Shoshones. Des guerriers terribles ! Avec dix flèches dans le corps, ils se battaient encore. Et nous n'étions que de pacifiques agriculteurs, nous autres ! C'est alors que j'ai eu une idée de génie, je n'ai pas peur de le dire, saperlipopatalo ! J'ai capturé des serpents à sonnettes et je leur ai fait cracher leur venin sur la pointe de mes flèches, ce qui les rendit mortelles à la moindre blessure.

— Splendide ! s'écria Indy.

— Tss, tss, tss ! » fit Loup-Solitaire en hochant la tête.

Il connaissait par les Anciens de sa tribu l'usage d'empoisonner les pointes des flèches avec du venin de serpent. Toutefois, il doutait sérieusement que ce soit une invention de ce vieux fou de Coyote-avec-un-Aigle-dans-la-Gueule. N'empêche, l'étrange bonhomme paraissait en savoir long sur l'histoire de Anasazi !

« Et puis, j'ai inventé quelque chose

d'encore plus calé! reprit le vieux. Dans l'empennage des flèches, j'ai eu l'idée de mêler aux plumes d'aigle qu'on y mettait d'habitude, des plumes de pigeon...

— Et alors? firent ensemble Indy et Loup-Solitaire.

— Eh bien, avec ça, les flèches qui n'avaient pas atteint leur cible revenaient au bercail, pardi!

— Quoi! s'exclamèrent d'une même voix incrédule les deux garçons, en échangeant discrètement un sourire de connivence.

— A beau mentir..., commença Indy à voix basse.

— Qui vient de loin, acheva Loup-Solitaire sur le même ton. Et lui qui prétend venir du Moyen Âge!...

— Sur ma barbe, c'est vrai! confirma le vieil homme. Les flèches rappliquaient à tire-d'aile dans nos carquois, il fallait voir ça, saperlipopatalo! Elles revenaient toutes, je vous dis! Et aucune ne s'est jamais perdue. »

Après cela, Coyote-avec-un-Aigle-dans-la-Gueule débita d'autres anecdotes encore plus fantastiques et invraisemblables. Indy et Loup-Solitaire écoutaient sagement, tan-

tôt effarés, tantôt amusés. Finalement, le serpent fut mangé et le feu mourut. Le vieux parut alors sombrer dans une douce somnolence. Indy en profita pour parler seul à seul avec Loup-Solitaire.

« Nous devrions lui montrer le dessin et lui demander s'il l'a vu quelque part, proposa-t-il à mi-voix.

— Pas question ! protesta d'abord Loup-Solitaire d'un ton ferme. Nous ne devons parler de l'or à personne. Et surtout pas à ce vieux fou.

— Pourquoi pas ? insista Indy. Ce sont les fous qui troublent l'eau et ce sont...

— Les sages qui pêchent, acheva Loup-Solitaire. Je sais ! Mais celui-ci passe la mesure, tout de même : raconter des histoires de flèches apprivoisées et croire que *Il pleut bergère* est un chant de guerre indien !

— D'accord ! convint Indy. Si tu crois que nous pouvons continuer de fouiller ici avec lui sur notre dos sans qu'il ne se doute de rien !... N'empêche, il aurait pu nous faire gagner un temps précieux. »

Loup-Solitaire fit la moue en signe de désaccord mais l'argument d'Indy devait avoir du bon car, lorsque Coyote-avec-un-Aigle-dans-la-Gueule sortit de sa torpeur, le jeune Indien dessina dans la poussière du sol la fameuse figure géométrique et demanda au vieillard s'il l'avait déjà vue. L'autre se pencha sur le dessin, l'examina attentivement avant de décréter qu'il n'avait jamais rien vu qui ressemblât à cela.

« Et pourtant, saperlipopatalo ! je peux dire que je connais cet endroit comme le fond de mes bottes.

— Dans ce cas, il est temps de partir, dit alors Loup-Solitaire. La route est longue jusqu'au Palais de la Falaise... »

Le vieillard les accompagna jusqu'au pied de la paroi, à l'endroit où aboutissait le chemin ouvert par M. Fewkes.

« Nous ferions peut-être bien de le mettre en garde contre les Butler, murmura Indy à l'oreille de Loup-Solitaire. S'ils venaient ici, cette pauvre vieille chose ne pèserait pas lourd entre leurs mains. »

Loup-Solitaire approuva d'un hochement de menton.

« Il y a deux frères, dit-il au vieux, des Visages pâles. Un grand et un petit, mais avec la même sale tête. Ils s'appellent

Butler. L'un se prénomme John. L'autre, c'est Craigh, mais tout le monde le surnomme le Crotale. C'est John le plus terrible des deux. Je suis leur ennemi juré. Il se pourrait qu'ils viennent ici à ma recherche. Il se pourrait aussi qu'ils vous fassent du mal.

— A moi ? s'écria le vieux en s'esclaffant. N'oublie pas que je suis un guerrier, saperlipopatalo ! Le dernier des Anasazi. Le brave des braves ! N'aie crainte, j'ai toujours mes jambes de cent vingt ans, mon garçon ! Et s'ils viennent, tes Butler, je leur réserve quelques surprises à ma façon, pour ça oui, saperlipopatalo ! »

Il écarta les bras, comme s'il invoquait une armée de démons.

« S'ils viennent, reprit-il, je les donnerai à manger à la grotte aux mille dents. Ou j'ordonnerai aux nuages de les emporter, de les transformer en grêlons et de les faire pleuvoir sur la tête du diable... Ou bien je demanderai à la Fée-lézard de les gober comme des moucherons. »

Indy leva les yeux au ciel.

« Soyez prudent quand même ! recommanda Loup-Solitaire avec insistance.

— Rassure-toi, je suis l'invincible Coyote-avec-un-Aigle-dans-la-Gueule, saperlipopatalo ! proclama le vieux bonhomme. Et ce ne sont pas deux misérables vermines qui vont m'empêcher de dormir. Et, si la grotte aux mille dents n'a pas faim, ou si les nuages sont indociles, ou si la Fée-lézard fait la sieste — qu'à cela ne tienne ! j'ai toujours Nuage-d'Orage, mon meilleur ami et plus fidèle compagnon, qui tire des balles qui se séparent en autant de morceaux qu'il y a d'ennemis ! Partez tranquilles, garçons. Et bonne chance ! »

8
Le Palais de la Falaise

Indy et Loup-Solitaire sortirent du canyon et se mirent en marche sous le soleil cuisant. Le jeune Indien montrait le chemin. Il paraissait soucieux.

« Qu'est-ce qui m'a pris de croire en la parole de ce vieux fou ? murmura-t-il entre ses dents. Comment être sûr qu'il n'a pas vu la marque que nous cherchons ?

— J'ai eu vent d'un proverbe, répondit Indy, selon lequel le fol...

— Avise bien le sage ! interrompit le jeune Indien d'un ton sec. J'en ai aussi entendu parler. Mais j'en connais un autre qui dit mieux : “A conseil de fol, cloche de bois.”

— Le vieux est complètement cinoque, d’accord, convint Indy. Il raconte toutes sortes de fariboles. Mais ça ne veut pas dire qu’il soit pour autant un menteur. Et, quant à moi, je persiste à lui faire confiance... surtout depuis qu’il ne m’a pas tué, moi, mais le serpent.

— Que fait-il dans la Maison de l’Épicéa, d’abord ? demanda Loup-Solitaire.

— Je n’en sais rien, moi ! répondit Indy. Peut-être qu’il attend que ses arrière-petits-enfants viennent lui souhaiter son sept cent cinquantième anniversaire, saperlipopatalo ! Mais une chose est sûre...

— Ah, oui ! laquelle ?

— C’est que nous allons droit en direction de l’or perdu de Durango, annonça Indy.

— Elle est bien bonne, celle-là ! Comment peux-tu en être certain ? ricana Loup-Solitaire.

— Tu as bien dit que ton père avait caché le trésor dans l’un des deux sites ?

— Certes.

— Eh bien, s’il n’est pas dans le premier,

c'est forcément qu'il est dans le second. Et nous allons mettre la main dessus avant peu, crois-moi ! Combien de temps faut-il pour arriver au Palais de la Falaise ?

— Des heures, dit tristement Loup-Solitaire. Et encore ! Lorsque nous y serons, je ne peux pas te garantir que nous trouverons l'or facilement. Les ruines du Palais de la Falaise sont les plus grandes de Mesa Verde. Il y a vingt-trois "kivas" et plus de deux cents chambres.

— Oui, mais c'est là que l'or se trouve ! s'exclama Indy avec enthousiasme. Je peux presque dire que je sens déjà son fumet particulier. Il m'attend. Tu verras : entre Indiana Jones et les trésors, c'est une histoire qui se résume en peu de mots : "Il arrive, il renifle, il trouve." »

A mesure que les deux garçons progressaient, la végétation s'épaississait. Aux fourrés s'ajoutèrent progressivement des arbustes, puis des pins si rapprochés qu'à la fin ils formaient une forêt. Leur frondaison en forme de champignon procurait un abri providentiel contre les traits d'un soleil de plus en plus hostile.

Ils marchèrent ainsi des heures, parlant

peu pour ménager leur salive. Parfois, ils longeaient un canyon. Parfois, à la faveur d'une clairière, ils apercevaient au loin, dans la vallée aride, des nuages de poussière soulevés par des bandes de chasseurs utes en maraude. Enfin, après des heures sans eau longues comme des jours sans pain, Loup-Solitaire annonça qu'on était arrivé.

Indy ne vit d'abord rien de plus que ce qu'il avait pu contempler jusque-là en abondance : une terre rouge, d'apparence stérile où, entre des rochers saillants comme des os sous la peau d'un mourant, tout un peuple d'arbres mal nourris, grimpés sur des racines sèches et nerveuses, semblaient danser une sarabande immobile. Mais il savait désormais à quoi s'en tenir avec les Anasazi. Si ruines il y avait, elles devaient être quelque part en contrebas, bien cachées.

Indy s'avança de quelques pas et se retrouva au bord du vide. C'était un gigantesque trou au milieu de la mesa, comme un accroc dans un parquet. En se penchant, il vit les ruines. Comme à la Maison de l'Épicéa, c'était un inextricable réseau de murs, accroché à une paroi abrupte. Mais c'était plus grand, plus haut, plus compliqué, plus majestueux. Ceux qui les avaient baptisés avaient vu juste : il y avait entre les deux sites la différence qui va de la simple maison au palais. Les vestiges de plusieurs tours rappelèrent même à Indy les massifs donjons des châteaux forts sur le Vieux Continent.

Il cherchait déjà une voie pour descendre dans le trou lorsqu'il s'aperçut que Loup-Solitaire restait en retrait, les yeux fixés vers le sol.

« Quelque chose qui ne va pas? demanda-t-il en rebroussant chemin. Qu'est-ce que tu regardes?

— Des empreintes de sabots de cheval, répondit Loup-Solitaire. Elles sont fraîches. Quelqu'un est venu ici il n'y a pas longtemps...

— Combien de chevaux?

— Quatre.

— Combien de cavaliers?

— Deux. »

Pas besoin d'être grand clerc pour deviner de qui il s'agissait. Mais Indy avait toutefois une question à poser.

« Elles vont dans quel sens, tes empreintes ?

— Les deux. Ici, elles s'en viennent, là, elles s'en vont.

— Et, celles qui repartent, sont-elles plus profondes qu'en arrivant ? »

Loup-Solitaire sourit.

« Es-tu sûr que tu n'as pas de sang indien dans les veines, toi ? demanda-t-il en clignant de l'œil. Je vois ce que tu veux dire : s'ils portent l'or, leurs chevaux sont alourdis et ils ont les pieds qui s'enfoncent davantage dans le sol... »

Indy confirma d'un hochement de tête.

« Eh bien, non, reprit le jeune Indien. Il n'y a guère de différence entre les empreintes qui entrent et celles qui sortent. Mais ça ne prouve rien. S'ils avaient le magot et qu'ils l'aient divisé en quatre, je ne suis pas sûr que cela changerait grand-chose à la profondeur des traces... »

Après cette déplaisante découverte, les deux garçons descendirent lentement vers les ruines. Loup-Solitaire avait tiré son poignard de sa gaine, et Indy, déroulé son fouet. Ils étaient sur le qui-vive, s'attendant à tout, et redoutant plus que n'importe quoi d'apercevoir au milieu des ruines un mur nouvellement cassé. Car ce serait la preuve que les Butler avaient trouvé l'or avant eux et l'avaient emporté !

C'était la fin de l'après-midi. A l'ouest, le crépuscule embrasait déjà l'horizon. Les deux compères employèrent ce qui restait de jour pour commencer à fouiller le Palais. En cinquante chambres chacun, ils ne trouvèrent rien, ni marque, ni or, ni trace de marque, ni indice d'or. Oui, mais, ni mur éventré non plus. Ni frères Butler à l'affût. Il y avait du moins cela de bon !

A la nuit tombante, Loup-Solitaire entraîna Indy à l'écart des ruines, dans un recoin où coulait une source si abondante que l'on pouvait non seulement y étancher sa soif, mais aussi faire un peu de toilette. Puis il alluma un petit feu. Avec un peu de maïs sauvage, il prépara une espèce de soupe ; en guise de dessert, il fit griller des pignons. La conversation qui accompagne un repas frugal est ordinairement rare. A la fin, fatigué du silence, Indy demanda à Loup-Solitaire ce qu'il ferait du trésor lorsqu'ils l'auraient trouvé.

Aussitôt, le jeune Indien se crispa dans une attitude de défiance.

« Pourquoi ? demanda-t-il sur un ton soupçonneux. Toi aussi, c'est l'or qui t'intéresse ?

— Non », répondit tranquillement Indy.

Le jeune Indien eut un ricanement de mépris.

« Tu parles ! Tout le monde a soif d'or ! proclama-t-il.

— Je sais, murmura Indy en hochant la tête. J'ai vu des gens prêts à tout pour un peu de richesse. Ils mentent, trichent, volent, tuent. Il y en a même qui vendraient leur âme ! C'est diabolique, l'or... Pour moi, je n'en voudrais jamais.

— Mais alors, que fais-tu ici ? Pourquoi m'aides-tu ? » insista Loup-Solitaire.

Indy poussa un profond soupir.

« Oh ! là ! là ! fit-il, c'est une grave question. Mettons que j'aie dû être chien de chasse dans une autre vie. J'adore flairer une piste, fureter, débusquer. Mais surtout, continua-t-il sur un ton soudain grave, je m'en vais te faire un aveu : je trouve les journées normales abominablement longues, et la vie sans imprévu abominablement triste. Il n'y a que dans les ennuis que je ne m'ennuie pas ! Un trésor d'un côté, moi de l'autre et les frères Butler au milieu, quelques serpents à sonnettes par-ci par-là, un fou qui me colle un fusil dans les côtes, là, je suis heureux ! Alors, ne crains pas pour l'or. Il ne m'intéresse pas... »

Loup-Solitaire avait écouté tout cela, tantôt souriant, tantôt grave, mais attentif de bout en bout. Au total, il semblait plutôt abasourdi que convaincu par l'avalanche d'arguments.

« Mais toi, au fait ? reprit Indy, qui n'avait pas perdu le fil de la conversation, malgré sa longue tirade. Qu'en feras-tu, de cet or ?

— Je suppose, répondit Loup-Solitaire après un temps de réflexion, que j'en donnerai la plus grosse part aux gens de mon peuple et à la famille de l'Indien tué. C'était le souhait de mon père, afin que ma mère, que la honte accable, puisse de nouveau marcher la tête haute au milieu des siens. Et puis, je m'enfuirai au loin avec le reste.

— Où ?

— Au hasard. Et je ne m'arrêterai que lorsque j'aurai trouvé un endroit où je sois sûr que les Butler ne pourront jamais me retrouver. »

Indy se renfrogna.

« Tu parles comme si cet or était à toi, Loup-Solitaire, fit-il observer sur un ton d'amical reproche. J'ai dit que nous le trouverions — et c'est ce que nous allons faire... mais il appartient à la banque.

— Cet or a été extrait d'une terre volée aux Indiens, répliqua Loup-Solitaire d'une voix vibrante de colère. Il leur appartient. D'ailleurs, il a disparu depuis si longtemps que plus personne n'y pense... »

Pour signifier que le débat était clos, Loup-Solitaire se leva et s'avança jusqu'au bord de la corniche, où il resta un long moment immobile, à ressasser Dieu sait quelles sombres pensées.

« Regarde ! » s'exclama-t-il soudain en montrant du doigt quelque chose.

Indy s'approcha et regarda dans la direction indiquée. Au loin, dans un recoin du canyon bleui par le clair de lune, parmi les ombres des arbres, il aperçut un halo jaunâtre qui tremblotait. Il comprit tout de suite que c'était un feu de camp et devina facilement le nom de ceux qui y réchauffaient leurs maudites carcasses.

« Les frères Butler ont dû bien festoyer avec nos provisions, dit-il.

— Je me moque de nos provisions, bougonna Loup-Solitaire. C'est à l'or que je songeais. Tu crois qu'ils l'ont ? »

Indy réfléchit une fraction de seconde et puis secoua la tête.

« Non, ils ne l'ont pas, assura-t-il. Parce que, s'ils l'avaient, ils ne seraient pas là en train de camper. Il y a belle lurette qu'ils auraient filé avec. »

Loup-Solitaire esquissa un sourire.

« Cela se tient », dit-il.

Une nuance d'espoir recolorait sa voix.

« Nous recommencerons à fouiller demain à la première heure. En attendant, dormons un peu. »

Indy approuva. Mais, tandis qu'il cherchait le sommeil, une question revenait sans cesse le hanter : Que ce soit Loup-Solitaire ou les Butler qui emportent l'or, quelle différence cela faisait-il ?

« De larron à larron... » murmura Indy.

A sa grande surprise, Loup-Solitaire ne chercha pas à l'interrompre. Indy en déduisit qu'il dormait déjà. Alors, il acheva tout seul :

« Il n'y a que la main, je sais ! »

9
Le labeur et l'argent du labeur

Quoi qu'il fût arrivé la veille et quoi qu'il pût encore arriver le lendemain, Indy dormit d'un sommeil paisible qu'aucun cauchemar ne tourmenta, et que parfois même un rêve léger vint embellir.

Lorsqu'il s'éveilla, le ciel était déjà d'un bleu éblouissant. Avec son écharpe de nuages blancs passablement froissés qui lui voilaient la face, le soleil avait l'air d'un noceur qui a passé la nuit Dieu sait où. L'atmosphère était douce et l'air immobile. Au flanc du canyon, le Palais était toujours posé sur sa corniche, inchangé.

Tout paraissait en ordre.

Mais il y avait quand même une petite chose qui n'allait pas. Comme Indy somnolait encore un peu, il lui fallut plusieurs secondes pour s'apercevoir de ce que c'était.

Loup-Solitaire manquait à l'appel.

Sa couverture était en tas à quelques pas de là. Mais pas trace de lui nulle part dans les alentours.

Indy se leva d'un bond. Son envie de faire la grasse matinée lui était passée d'un coup.

« Loup-Solitaire ! » appela-t-il.

Tout en guettant la réponse, il chercha des yeux dans les ruines la silhouette du jeune Indien.

Mais aucune réponse ne se fit entendre, et aucune silhouette ne parut.

Indy appela de nouveau, cette fois en tâchant d'imiter le ululement d'un hibou. Aucun hurlement de loup ne lui revint. Pas davantage après qu'il eut fait le coyote, le dindon, la mésange, le faon, le paon, le taon et le phacochère.

A bout d'inspiration, Indy enfila ses bottes et se mit à fouiller les ruines du

Palais. A chaque porte qu'il voyait, il passait la tête; au fond de chaque « kiva » qu'il rencontrait, il jetait un œil.

« Loup-Solitaire ? appelait-il.

— Loup-Solitaire ? » redisait l'écho.

Indy fouilla tout, de fond en comble et d'un bout à l'autre, méthodiquement, pour être bien assuré de ne rien omettre. Bien lui en prit : finalement, il le trouva.

Dans la pièce la plus reculée et la plus sombre du Palais. Assis par terre. Ou, plus exactement : rencogné dans la pénombre, les jambes repliées contre la poitrine, le front entre les genoux — prostré.

« Qu'est-ce que tu fabriquais ? demanda Indy. Tu ne m'as donc pas entendu ? »

Le jeune Indien leva lentement la tête.

« Non, pourquoi ? Tu m'as appelé ? dit-il d'une voix terne, comme si la réponse ne lui importait pas vraiment.

— Si je t'ai appelé ? C'est peu dire ! s'exclama Indy. J'étais une vraie ménagerie à moi tout seul. Si des gens m'ont entendu, ils ont pu croire que l'Arche de Noé s'était échouée dans le coin ! »

Loup-Solitaire sourit tristement.

« Qu'est-ce qui ne va pas ? » demanda Indy.

Le jeune Indien hocha la tête d'un air accablé. Une sueur malsaine ruisselait sur son visage. Avec un pan de sa chemise, il s'essuya le front.

« Je suis levé depuis l'aube, dit-il d'un ton lugubre. J'ai cherché partout. L'or n'est plus là. Les Butler doivent l'avoir trouvé et emporté avec eux, ce n'est pas possible autrement. »

Il se détourna et reposa la tête contre ses genoux. Indy s'assit à côté de lui.

« Je maintiens que les Butler n'ont rien trouvé, dit-il. Sinon, à défaut d'or, nous verrions du moins le mur qu'ils ont abattu pour se le procurer. Or, ce n'est pas le cas.

— Comment peux-tu en être aussi sûr ? Nous sommes au milieu d'un champ de ruines. Au moins la moitié des parois qui nous entourent sont écroulées, argumenta Loup-Solitaire, toujours sans bouger. Quelle différence fais-tu entre deux murs dont l'un est éboulé depuis des siècles et l'autre depuis la veille ? Tu peux me le dire ?

— Oui, répondit Indy. Le premier s'appelle un vestige, le second, une déprédation. »

Loup-Solitaire fit « Pftt ! ».

Assis côte à côte, aussi fourbus l'un que l'autre, les deux garçons restèrent longtemps silencieux. Chacun était perdu dans ses pensées. Celles de Loup-Solitaire se laissaient glisser vers des abîmes de déception, celles d'Indy se défendaient de suivre le même cours. Il doit y avoir une solution à ce mystère, se disait-il. Un indice quelconque, quelque part, qui nous aura échappé. Oui, mais où ? Oui, mais lequel ?

Cependant, au-dehors, le soleil continuait de monter dans le ciel. Un rai de lumière se faufila par l'unique et étroite fenêtre qui éclairait la pièce et balaya lentement le sol. Soudain, la lumière parut buter contre quelque chose. C'était un morceau de pierre et de mortier, enfoui dans la poussière, dont un coin affleurait.

Indy se releva aussi brusquement qu'un diable sort de sa boîte, s'en rapprocha d'un bond, s'agenouilla à côté et se mit à gratter autour avec ses ongles.

En déterrant la pierre, il s'aperçut qu'elle était plus grosse et plus lourde qu'il n'avait cru. Avec ses franges de mortier, elle s'était manifestement détachée d'un mur. A grand-peine, il la tourna en tout sens.

« Loup ! s'écria-t-il soudain. Viens voir ! »

« Loup » tout court au lieu de « Loup-Solitaire » ainsi que le ton pressant d'Indy trahissaient l'urgence et l'importance de l'appel. Le jeune Indien s'extirpa de son recoin et rejoignit Indy en un éclair.

« Regarde ! » s'exclama Indy.

Il y avait de la couleur sur l'un des côtés de la pierre, un dessin géométrique du même rouge brunâtre que le sang séché.

« C'est la marque ! » s'écria Loup-Solitaire.

Dans sa joie, il saisit Indy par les épaules.

« C'est elle ! C'est la marque ! répéta-t-il.

— Oui, confirma Indy. Nous la cherchions en l'air et elle était par terre depuis le début ! »

En s'esclaffant, ils esquissèrent quelques pas de danse.

« Tu es chanceux, Indiana de Jones ! déclara le jeune Indien, admiratif. Depuis le temps que je cherche partout, je suis venu plus de trente fois dans cette pièce et je n'ai jamais rien remarqué...

— Hé oui ! confirma Indy. Ah, on a bien raison de dire que bon vent...

— Vaut mieux que force rames, je sais ! »

acheva Loup-Solitaire avec un clin d'œil complice.

Indy ramassa la pierre et scruta les quatre murs jusqu'à ce qu'il y décèle la brèche qu'elle avait dû laisser en tombant. La pièce étant petite, ce fut chose aisée. Dans un coin béait un trou. Indy tenta d'y glisser la pierre : elle s'encastrait parfaitement, comme la dernière pièce d'un puzzle.

« C'est ce mur-ci, annonça-t-il.

— Dire que l'or est là-derrière ! murmura Loup-Solitaire avec déférence.

— Il y est, je le sens ! confirma Indy en humant l'air. Et je peux te dire que cela sent bon. »

Durant de longues secondes, Loup-Solitaire resta figé par l'émotion. Et puis, brusquement, il tira son poignard et commença à s'attaquer au mur. Avant peu, la lame se brisa. Pas découragés pour autant, les deux garçons allèrent chercher dehors la plus grosse pierre qu'ils purent soulever et la rapportèrent pour s'en servir de bélier.

Vingt minutes et d'innombrables coups de boutoir plus tard, il ne restait plus rien du mur qui les séparait de l'or.

« Tu vois, dit triomphalement Indy en

attendant que la poussière retombe, les béquilles du temps font plus...

— Que la massue d'Hercule, interrompit Loup-Solitaire. Je sais ! »

Alors, devant leurs yeux extasiés, apparut une vieille sacoche en cuir élimé et poussiéreux, qui trônait au milieu des décombres.

« Loup ?

— Je vois. »

Et, comme Indy paraissait aussi pétrifié que lui, le jeune Indien ajouta :

« A toi l'honneur... »

Indy s'agenouilla, ouvrit la précieuse sacoche, y plongea les mains jusqu'aux coudes et en ressortit une brassée de pièces de vingt dollars. Chacune était dense et lumineuse comme un petit soleil. Loup-Solitaire, à son tour, s'empara d'une poignée de pièces, qu'il soupesa, malaxa, fit danser dans la lumière. Quand il les laissa retomber en pluie dans la sacoche, les pièces sonnèrent mélodieusement en s'entrechoquant.

Mais les deux amis ne pouvaient s'offrir le luxe d'admirer perpétuellement leur trésor. Au bout d'un moment, la sagesse commanda de le rempaqueter et de se préparer à reprendre la route de Durango. La sacoche pesait son poids. A en juger d'après le mal qu'ils eurent à la sortir du canyon, Indy songea que ce ne serait pas une mince affaire de la porter à dos d'homme pendant plus de cinquante kilomètres !

« Ils n'auraient pas pu voler des billets de banque, non ? se plaignait-il en plaisantant.

— Oui, mais alors, répondit Loup-Solitaire avec un sourire en coin, je doute qu'Indiana de Jones, grand découvreur de trésors devant l'Éternel, aurait pris le moindre plaisir à m'aider à les retrouver. »

Bien que vite fatigués, ils décidèrent de s'éloigner le plus possible du Palais de la Falaise avant de penser à se reposer pour de bon. Les frères Butler devaient être encore à rôder dans les parages.

Ils marchèrent. La lourde sacoche changeait fréquemment d'épaules. Ainsi, tandis que l'un s'épuisait et s'époumonait, l'autre reprenait haleine et vigueur. Soudain, alors que les ruines n'étaient pas encore très loin dans leur dos, le vent, qui soufflait de face, apporta aux narines de Loup-Solitaire une odeur qui l'alarma.

« Attention ! fit-il.
— Quoi ? s'étonna Indy.
— Ça pue !
— Une bête ?
— Oui.
— Quel genre ?
— Visage pâle. »

Au même moment, retentit dans leur dos le claquement d'un fusil qu'on arme...

10

Mésaventures au coin d'un bois

D'instinct, Indy porta la main à son fouet et Loup-Solitaire à la gaine où son couteau aurait dû se trouver – si, par malheur, il n'était pas resté en deux morceaux dans le Palais de la Falaise!

« Pas de blague! » ordonna une voix graillonnante, juste derrière eux.

Quelque chose de rond et dur se planta brutalement dans les reins d'Indy.

Il se figea sans chercher à savoir si c'était vraiment une carabine ou un simple tuyau de pipe.

« Touche pas à ton martinet, morveux,

lança alors une autre voix, qui venait de quelque part sur la gauche. A moins que tu ne veuilles une fessée avec! »

Indy tourna la tête et vit sortir de derrière les arbres une espèce d'avorton qui portait dans chaque main un revolver presque aussi gros que lui. Il avait deux petits yeux chassieux et injectés de sang qu'une lueur mauvaise faisait briller comme des gouttes de café. Un rictus, encore plus malintentionné que la lueur dans le regard, incurvait sa bouche. Avec cela, malpropre, hirsute et propageant une odeur de bouc. On aurait dit une vraie figure de démon.

La main de Loup-Solitaire s'était immobilisée au-dessus de sa hanche, là où l'étui de son poignard pendait, triste et vide.

« Holà, Face de Brique! lui dit le diablotin. Il est rudement bien, ton canif! C'est le nouveau modèle? Dommage qu'il n'ait pas de lame et qu'il lui manque le manche... »

Ni Loup-Solitaire ni Indy ne songèrent à sourire, mais celui qui se tenait derrière eux réagit bruyamment.

« Ha! ha! ha! elle est bien bonne, cellelà! dit-il en s'esclaffant de sa voix grasse et enrouée. Tu as toujours le mot pour rire, Craigh ! »

« Craigh ? Le fameux Crotale ? pensa Indy. C'est bien ma veine ! Après *Crotalus horridus*, *Crotalus* encore plus *horridus* ! Pouah ! Du serpent à sonnettes deux fois en deux jours ! Non, merci ! je viens d'en prendre... »

Il se retourna lentement pour voir à quoi pouvait bien ressembler l'autre frère Butler. Eh bien, c'était le sosie du premier — mais agrandi et aggravé. La caricature d'une caricature. Au lieu d'un avorton, c'était un géant. Il n'avait pas seulement la bouche tordue : c'était son visage tout entier qui ressemblait à une grimace féroce. Il ne se contentait pas de sentir mauvais : il puait le fauve. De ses yeux suintait la haine du genre humain. Dans le tableau qu'il formait avec son fusil, c'était le fusil le plus sympathique. A côté de lui, le Crotale aurait presque pu passer pour un charmant garçon ! « Brrr ! pensa Indy. Toi, c'est *Tyrannosaurus rex* qu'il faudrait t'appeler. »

Le Crotale désigna la sacoche sur l'épaule de Loup-Solitaire.

« Tu avais raison, John, dit-il à son frère.

Ce n'était pas la peine de se fatiguer à chercher l'or. Ces deux mômes l'ont retrouvé à notre place. Il n'y a plus qu'à le récupérer. »

Il regarda Loup-Solitaire droit dans les yeux.

« Pose la sacoche par terre ! » ordonna-t-il.

Le jeune Indien se crispa.

« Des nèfles ! dit-il entre ses mâchoires serrées.

— Hum ! Je ne pense pas que tu sois en mesure de me refuser quoi que ce soit, mon garçon, insista le Crotale en lui brandissant ses revolvers sous le nez.

— Il faudra me tuer avant, s'entêta Loup-Solitaire.

— Soit, dit alors *Tyrannosaurus rex* en lui plantant le canon de son arme dans le cou, prêt à faire feu. Dans ce cas... »

Mais le Crotale lui fit signe de ne pas s'impatienter.

« Tss ! Pas tout de suite, John, dit-il. Lorsqu'il s'agit du salut d'une âme, les frères Butler ne sont pas à une minute près. »

Tyrannosaurus rex ne tira pas mais garda

le doigt tendu sur la détente de son arme. Le Crotale se retourna alors vers Loup-Solitaire.

« Mon garçon, si cela te chante vraiment de mourir, reprit-il d'une voix doucereuse en lui appuyant ses deux revolvers contre le cœur, mon frère et moi sommes tout disposés à te rendre ce service.

— Loup, je t'en prie, intervint Indy dont les jambes commençaient à flageoler. De toute façon, l'or est à eux. Nous ne pouvons plus rien faire pour les empêcher de s'en emparer. Il faut, ou le donner de mauvais gré, ou mourir et se le laisser prendre.

— Ton ami est plus sage que toi, Face de Tomate, approuva le Crotale. Tu sais, si la patrouille nous rattrape, nous serons pendus de toute façon. Nous n'en sommes donc plus à un meurtre près. Être au-dessus des lois, pouvoir tout se permettre, c'est une prérogative que seuls les condamnés à mort partagent avec les rois. Alors, cet or, tu me le donnes, ou je le prends ? »

Un fusil sur la tête, deux revolvers dans les côtes, Loup-Solitaire méditait.

« Loup, il a raison, murmura Indy.

Cède ! Je sais que c'est dur mais, crois-moi, il vaut mieux être un chien vivant...

— Qu'un lion mort, interrompit le jeune Indien en laissant glisser à terre la sacoche. Je sais ! »

Aussitôt, le fusil de *Tyrannosaurus rex* se fit moins insistant contre la nuque de Loup-Solitaire ; le Crotale rangea un de ses revolvers et ramassa la sacoche ; Indy poussa un profond soupir de soulagement et se demanda si Loup-Solitaire consentirait un jour à lui laisser achever un proverbe.

« Tiens-les en joue, je reviens », dit alors le Crotale à *Tyrannosaurus rex* avant de s'éloigner et de disparaître entre les arbres. Lorsqu'il revint, un bref instant plus tard, il tenait par la bride quatre chevaux sellés et harnachés. Parmi eux, Indy et Loup-Solitaire reconnurent les leurs.

Celui d'Indy était d'une docilité de vache. Mais celui de Loup-Solitaire avait l'âme fringante et, en reconnaissant son maître, il devint rétif. Le Crotale commit l'erreur de tirer un peu fort sur son mors. Le brave cheval se rebiffa. Aussitôt, ce fut la confusion parmi les trois autres. Il y eut des hennissements. Des naseaux écumèrent.

Des sabots volèrent. Tenir la bride à quatre chevaux qui ruent est une chose malaisée pour un seul homme. Le Crotale lâcha prise. La cavalerie se libéra. Le temps de rattraper le cheval le plus proche, les trois autres s'étaient égaillés dans la nature. Le temps d'en rattraper deux de mieux, le dernier, le plus véloce, s'était définitivement enfui. C'était celui de Loup-Solitaire.

« N'importe ! maugréa le Crotale. Il nous en reste toujours assez !

— On s'en va ? demanda *Tyrannosaurus rex*.

— Oui, mais avant, nous avons encore une petite chose à faire. »

Un quart d'heure plus tard, tout était de nouveau tranquille dans la clairière. Les frères Butler s'en étaient allés avec leur butin, abandonnant Indy et Loup-Solitaire au pied d'un gros pin.

Proprement ligotés.

Leurs liens les contenaient si bien qu'ils pouvaient tout juste respirer. Loup-Solitaire avait des chevilles entravées par une courroie de cuir. Celles d'Indy étaient tout bonnement attachées au moyen de son propre fouet. Une longue corde leur maintenait le dos collé à l'arbre. Elle était atrocement serrée et les Butler n'avaient pas lésiné non plus sur le nombre de tours ! Les deux captifs en avaient le buste tout couvert, hermétiquement, de la taille aux épaules. Pour faire bonne mesure, le dernier tour leur passait sous le menton. Impossible de bouger d'un pouce sans s'asphyxier.

Tels quels, ils paraissaient promis à un sort funeste. La soif, la faim, le froid de la nuit, la chaleur du jour, les crocs des fauves, le venin des serpents ou des araignées, les mandibules des fourmis rouges, les dards des frelons : entre tant de périls, il restait juste à savoir lequel serait fatal.

Mais, d'une façon ou d'une autre, leur mort semblait si certaine que déjà des vautours tournoyaient au-dessus d'eux.

« Alors, monsieur l'amateur de dangers, comment te sens-tu ? » demanda sarcastiquement Loup-Solitaire.

Indy était un garçon combatif par tempérament. Il n'avait pas le découragement facile. Le pessimisme n'était pas son fort. Quoi qu'il voie, il se disait qu'il en avait vu d'autres. Quoi qu'il lui arrive, il se souvenait qu'il lui en était déjà arrivé de pires. C'est pourquoi il aima encore mieux faire le fanfaron que gémir.

« Je suis sur les roses, mon ami, répondit-il. Et toi ? »

Attaché à son arbre, sans ressources ni vraie raison d'espérer, Indy était en train de se dire qu'il avait déjà trop souvent survécu pour ne pas survivre encore une fois.

« Bravo ! répondit Loup-Solitaire avec une nuance d'estime dans la voix. Voilà ce qui s'appelle avoir l'âme chevillée au corps. »

Indy regarda du coin de l'œil son compagnon d'infortune, s'attendant à lui trouver la mine abattue. Mais l'autre semblait serein.

« Tu as vu ? fit Indy en désignant dans le ciel les charognards attroupés. Ils ont l'air de penser que notre dernière heure est venue.

— Pouah ! s'exclama Loup-Solitaire avec dédain. N'aie crainte, la malédiction du vautour ne tue pas le cheval. »

Indy battit des paupières — c'était tout ce que ses liens lui permettaient de remuer. La tranquillité de son compagnon cachait assurément quelque chose...

« Oh, toi, dit-il, tu as un atout dans ta manche ! »

Par-dessus la corde, Loup-Solitaire hocha un peu le menton.

« Dans ma manche, il ne servirait à rien, saucissonnés comme nous sommes, fit-il observer.

— Alors, où est-elle, ton arme secrète ? » insista Indy.

Pour toute réponse, Loup-Solitaire lança deux coups de sifflet stridents. Indy grimaça. Dans les arbres voisins, certains oiseaux prirent un envol affolé, d'autres piaillèrent furieusement. En dehors de cela, rien.

« Quoi ! C'est tout ? » soupira Indy en renversant sa tête contre le tronc d'arbre.

Un peu déçu, il ferma les yeux.

« Pour attraper une truite, il faut commencer par prendre une mouche », énonça Loup-Solitaire.

Puis il siffla de nouveau.

Indy rouvrit les yeux. Aucun sauveur n'était apparu. Les liens étaient toujours à leur place.

Le jeune Indien siffla de plus belle.

Alors, dans les sous-bois, des branches

froufroutèrent, des piétinements se firent entendre et une grande ombre se profila.

Encore un peu et les piétinements, en se rapprochant, devinrent des claquements de sabots. Tout à coup, l'ombre se métamorphosa en cheval. C'était celui qui s'était échappé tout à l'heure. Celui de Loup-Solitaire.

« Viens ici, mon beau ! » commanda le jeune Indien d'une voix douce.

En revoyant son maître, le noble animal manifesta une joie de jeune chien. Il bondit, rua, tapa du pied, virevolta au point de paraître danser, hennit à gorge déployée.

« Là ! là ! Moi aussi, je suis ravi de te revoir », lui dit Loup-Solitaire.

Le cheval, peu à peu apaisé, se rapprocha des deux garçons.

« Indy, je te présente Huracanado, annonça Loup-Solitaire. Cela veut dire : "qui a la force de l'ouragan".

— Nous nous connaissons déjà de vue, rappela Indy. Enchanté, Huracanado », ajouta-t-il.

« Moi de même », parut répondre la bête, à grand renfort de hochements de tête.

« Quand je l'ai eu, il n'était qu'un poulain, expliqua Loup-Solitaire. A l'époque, comme il ne tenait pas sur ses jambes, je l'avais surnommé Arrodillado... ce qui signifie, à peu de chose près : “mou des genoux”. »

A l'évocation de ce souvenir, le cheval retroussa ses babines jusqu'aux yeux, dévoilant une mâchoire solidement dentue. On aurait dit qu'il souriait.

« Méchant poulain... commença Indy.

— Peut devenir bon cheval, je sais, interrompit Loup-Solitaire. Et je t'assure que c'est le cas ici. »

A ces mots, Huracanado fit une moue qui, sur un visage humain, aurait passé pour un signe d'approbation. Indy n'en revenait pas !

« Bon, maintenant, assez ri ! s'exclama Loup-Solitaire. Toi, débarrasse-nous de ça », conclut-il d'un ton ferme, s'adressant à l'animal.

Huracanado, qui ne demandait qu'à obéir, contempla la corde avec perplexité. Pour le convaincre d'y plonger les dents, ce fut tout un poème. Mais, une fois lancé, il alla consciencieusement jusqu'au bout. Et c'est ainsi qu'en moins de temps qu'il n'en faut pour l'écrire, Indy et Loup-Solitaire se retrouvèrent libres de leurs mouvements.

11

Rudimentaire, mon cher Indy !

Loup-Solitaire enfourcha Huracanado ; Indy monta en croupe. Adieu, morsures du froid et des fauves, adieu, dards du soleil et des frelons, adieu mandibules voraces, serres acérées, venins et poisons, adieu, fièvres ! Et maintenant, sus aux frères Butler !

« Taïaut ! » s'écria Indy en faisant tournoyer son fouet au-dessus de sa tête.

Il n'avait eu qu'à se détacher les chevilles pour le récupérer.

« Je vais leur faire danser la gigue, moi ! promit-il. Quelles sont nos chances de les rattraper ?

— Assez bonnes, ma foi ! répondit Loup-Solitaire. Ils n'ont pas beaucoup d'avance. Et puis, la Mesa Verde est grande et compliquée. Il est facile de s'y perdre.

— De quel côté vas-tu ?

— Du côté où vont leurs traces, répondit calmement le jeune Indien. Ils ont pris vers le Nouveau-Mexique. »

Huracanado filait. On aurait dit qu'il se prenait pour Pégase. Pourtant, au bout d'une heure de chevauchée, tout ce qu'ils avaient vu, c'était des aigles et des faucons qui les regardaient de haut d'un œil soupçonneux, des terres arides, des rochers, des arbres rabougris. Mais pas de frères Butler.

Pour tout arranger, le vent du sud se mit à souffler, les abreuvant de poussière et recouvrant la piste des bandits. La chasse dura une heure de plus. Huracanado galopait toujours vaillamment, mais ses cavaliers commençaient à perdre espoir.

Ils avaient atteint une des limites du plateau.

Soudain, en contrebas, au fond d'un canyon, Indy crut voir quelque chose bouger. C'était petit et flou. A mieux y regarder, il distingua un tourbillon de poussière.

Le tourbillon se mouvait. Il venait à leur rencontre. Deux cavaliers chevauchaient en son milieu, comme des Walkyries dans les nuages. Ils arrivaient à bride abattue.

« Ce sont eux ! s'exclama Loup-Solitaire.

— Les Butler ! répliqua Indy. Mais ils filent vers le nord, vers Durango, vers la patrouille !

— Je connais ce canyon, expliqua le jeune Indien. Il se termine en cul-de-sac. »

Comme il l'avait prédit, les Butler s'étaient perdus.

« Sont-ils obligés de passer au-dessous de nous ? » demanda Indy.

Loup-Solitaire, qui connaissait la Mesa Verde comme sa poche, répondit que oui.

« Alors, ils sont cuits ! proclama Indy.

— Par quel prodige ?

— Nous allons leur tendre un guet-apens.

— Avec quoi ? se récria Loup-Solitaire. Eux sont armés, pas nous !

— Oui, mais nous, nous avons des idées ! proclama Indy. Et puis aussi, ajouta Indy avec un clin d'œil espiègle, la corde avec laquelle ces gredins nous avaient attachés... »

Il faut dire que les deux garçons avaient pris soin de la garder.

« Que vas-tu en faire ? s'enquit le jeune Indien.

— Je suis payé pour savoir qu'elle est longue et solide, répondit Indy. Viens et tu verras. »

Vite, vite, ils descendirent le long du flanc du canyon qui n'était pas très raide à cet endroit-là. Une fois en bas, Indy repéra un rocher autour duquel nouer la corde. Le reste se conçoit tout seul.

La corde traversant le canyon, solidement amarrée au rocher par un bout, Indy cramponné à l'autre, il n'y avait plus qu'à attendre que les Butler passent dessus, trébuchent et se désarçonnent.

« C'est trop rudimentaire, bougonna Loup-Solitaire.

— Les choses rudimentaires sont les seules qui marchent à tout coup, répliqua Indy.

— Prions pour qu'ils s'assomment en tombant, murmura le jeune Indien.

— Sinon, je m'en charge ! assura Indy d'un air bravache. Toi, va te poster à cent mètres d'ici. Tu rattrapes leurs chevaux quand ils passent. Sauf si tu as une meilleure idée... »

Loup-Solitaire n'en avait pas.

« Surtout, ne laisse pas s'échapper celui avec l'or ! » précisa Indy, un peu inutilement.

Le temps de dissimuler Huracanado, de préparer le piège et de se mettre en place, les Butler n'étaient plus qu'à vingt mètres. Dix. La tête dans l'encolure de leur cheval, remâchant sans doute de sombres pensées ou de noirs projets, ils ne virent rien venir. Lorsqu'ils passèrent sur la corde et qu'Indy tira un coup sec, tout alla comme prévu. *Tyrannosaurus rex* fit un vol plané effrayant et retomba à plat dos sur des rochers. Sa sale tête heurta violemment le sol et il s'assomma pour le compte.

Le Crotale aussi s'envola. Mais il fut plus chanceux et retomba en un endroit lisse, où il n'y avait que de la terre. Autant son frère avait produit un bruit sinistre en atterrissant comme une masse, autant lui se reçut avec légèreté, ne rendant qu'un son mat sur le tapis de poussière qui amortit sa chute.

Déjà, en chancelant, il se relevait.

Indy se vit dans une situation difficile.

Plutôt que la fuite, il choisit l'affrontement.

Le Crotale acheva de se mettre droit, releva son chapeau et découvrit Indy à quatre pas de lui, son fouet à la main.

Le Crotale dégaina. Aïe ! il portait deux revolvers ! « Comment ai-je pu oublier ce détail ? » se reprocha Indy. Son fouet siffla, visant la main droite. Pourquoi celle-là ? Parce qu'il fallait bien commencer par une !

Il l'atteignit. Le revolver s'envola. Normal. Prévu.

Ce qui était anormal et imprévisible, en revanche, c'est que, pour le même prix, le deuxième revolver s'envole aussi. C'est pourtant ce qui arriva.

Le Crotale et Indy se regardèrent, plus stupéfaits l'un que l'autre.

Alors, de derrière un rocher, un homme sortit. Il était vieux, maigre, barbu. Il se tordait les chevilles à chaque pas sur le sol inégal. Entre ses mains, un fusil fumait.

L'écho d'un coup de feu se répercutait dans l'étroit canyon.

Le vieux se rapprocha.

« Coyote-avec-un-Aigle-dans-la-Gueule ! » s'exclama Indy.

Il ne songea pas à lui demander d'où il sortait ni ce qu'il faisait là car, avec ce genre de personnage, il convient de ne s'étonner de rien.

« En personne, saperlipopatalo ! répondit le vieux. Je te salue, Indiana de Jones ! »

Il s'assura d'un coup d'œil que *Tyrannosaurus rex* dormait toujours et tint en respect le Crotale.

« Tu as vu cela, Indiana de Jones ? reprit-il. J'ai encore bon pied bon œil, saperlipopatalo !

— Oui, confirma Indy. Joli coup ! Si vous n'aviez pas fait voler le deuxième revolver...

— Quel deuxième revolver, mon garçon ? interrompit le vieux. J'ai fait voler les deux.

— Mais non ! Le premier, c'est moi, avec mon fouet ! protesta Indy.

— Ne me parle pas de ton fouet, saperlipopatalo ! persista le vieux. Je te dis que c'est moi qui ai eu les deux revolvers.

— Mais il n'y a eu qu'un seul coup de feu ! objecta encore Indy.

— Et alors ? Ne t'avais-je pas dit que Nuage-d'Orage tirait des balles qui se séparaient en autant de morceaux qu'il y avait de cibles ? » conclut le vieux avec un clin d'œil qui ôta à Indy l'envie d'insister.

Pendant ce temps, Loup-Solitaire revenait avec l'or et les chevaux. Il aperçut Indy indemne, *Tyrannosaurus rex* dans le coma, le Crotale avec les mains en charpie — et puis un drôle de bonhomme armé qui n'aurait pas dû se trouver là. S'approchant prudemment, il attendit de reconnaître le vieux fou de la Maison de l'Épicéa pour se montrer.

« Coyote-avec-un-Aigle-dans-la-Gueule ! dit l'un.

— Loup-Solitaire ! » dit l'autre.

Et c'en fut fait des retrouvailles.

Après quoi, l'on ficela les Butler chacun sur un cheval. *Tyrannosaurus rex* ne dit rien, inconscient comme il était. Mais le Crotale piaula qu'on lui faisait mal aux poignets. Ce genre de malandrin sournois est ordinairement douillet.

« La corde qu'on te passera autour du cou sera encore plus serrée, lui prédit Loup-Solitaire.

— Quoi ! Qu'allez-vous faire de nous ? s'écria le Crotale en blêmissant un peu.

— Eh bien, vous remettre au shérif de

Durango, dit le jeune Indien. De mauvaise vie, mauvaise fin.

— Et l'or ? s'exclama le Crotale. Qu'allez-vous faire de l'or ? »

Loup-Solitaire regarda Indy.

« Toi, qu'en dis-tu ? demanda-t-il.

— J'ai toujours été d'avis de le rendre, répondit Indy. Les trésors m'intéressent à dénicher, pas à garder.

— C'est ce que je pense aussi », laissa tomber le jeune Indien.

Cette brève déclaration fit son petit effet. Coyote-avec-un-Aigle-dans-la-Gueule l'approuva d'un « Bien dit ! » et Indy la salua d'un « Bravo ! ». Il n'y eut que le Crotale pour ne pas tomber d'accord.

« Rendre l'or ? Mais vous êtes fous ! s'écria-t-il d'un ton consterné.

— J'ai bien réfléchi, confirma Loup-Solitaire. Cet or est le produit d'un vol...

— Et alors ? s'exclama le Crotale. Le fruit volé...

— Est le plus savoureux, interrompit le jeune Indien. Je sais, je sais. »

Il marqua une pause, parut réfléchir encore, la mine hésitante.

« Non, reprit-il enfin. Ce qui est volé est

volé. Savoureux ou pas, c'est le diable qui régale. Et, pour dîner avec le diable, chacun sait qu'il faut une grande cuiller. Non, non, et non : conserver cet or, ce serait du recel. Et autant pèche celui qui tient le sac que celui qui met dedans. »

Coyote-avec-un-Aigle-dans-la-Gueule et Indy en tombèrent une nouvelle fois d'accord.

Mais il n'est si bonne compagnie qu'à la fin elle ne se quitte. Indy conclut en exprimant une dernière fois sa gratitude.

« Vous m'avez sauvé la vie, dit-il chaleureusement au vieux bonhomme. Je ne vous oublierai jamais, cher Coyote-avec-un-Aigle-dans-la-Gueule !

— C'est fort bien, cette chose-là, mon garçon, répondit le vieux. Tu sais ce qu'on dit ? »

Indy haussa les sourcils.

« Eh bien, enchaîna le vieux, que blé et la reconnaissance...

— Ne poussent qu'en bonne terre, interrompit Loup-Solitaire, décidément incorrigible. On sait ! »

12
Épilogue

Ils arrivèrent à Durango à la nuit tombante. L'émoi créé par le spectacle des frères Butler pieds et poings liés fut indescriptible. En un instant, toute la population se déversa dans la rue principale pour les voir passer. On les huait à qui mieux mieux, on déversait sur eux des insultes et des crachats. Les enfants les bombardaient de boulettes de poussière malaxée – mieux valait ne pas savoir avec quoi ! Une mégère lança à la figure du Crotale un fruit pourri. L'apothicaire vida sur la tête de *Tyrannosaurus rex* le contenu de son plat à barbe. Il y eut aussi quelques acclamations pour leurs vainqueurs.

« Quand l'arbre est tombé..., commença Indy.

— Tout le monde court aux branches, eh oui ! » acheva Loup-Solitaire.

Le shérif apparut, son adjoint sur ses éperons. Ils avaient toujours le même air. Un bonhomme de neige et un épouvantail.

« Le clown blanc et son Auguste ! » pensa Indy.

Quand ils reconnurent les frères Butler, le visage du shérif devint de la même couleur que son costume et les cheveux de l'adjoint s'ébouriffèrent davantage. Lorsque Indy rendit l'or, ils en restèrent bouche bée.

Dérangé dans ses lectures par le charivari, le professeur Jones apparut à la fenêtre de sa chambre. Reconnaissant son fils, il l'interpella d'un air mécontent.

« Ah, c'est toi, Junior ! J'aurais dû m'en douter ! Que se passe-t-il encore ?

— Père, ce sont les frères Butler, expliqua-t-il. Nous avons trouvé ces pauvres bougres errant dans la mesa. Et nous venons voir si le shérif ne pourrait pas les héberger quelque temps. »

La silhouette de M. Fewkes se profila derrière le professeur.

« Alors, Loup-Solitaire ? cria-t-il. Cette expédition ? Intéressante ?

— On peut même dire qu'elle vaut son pesant d'or, monsieur Fewkes », répondit le jeune Indien.

Parmi les rires provoqués par cet échange de répliques, le shérif ordonna qu'on enferme les Butler et se chargea lui-même de mettre l'or en lieu sûr. Puis il entraîna Loup-Solitaire dans son bureau, car il voulait se faire raconter toute l'histoire.

Indy les aurait bien suivis, mais il en fut empêché par Horatio Lintell, le gros télégraphiste, qui surgit de la foule à ce moment-là et le retint par la manche.

« Je vous dois des excuses, dit-il d'une voix essoufflée. J'ai eu tort de penser que vous vous moquiez de moi lorsque vous disiez que vous vous appeliez Indiana et que vous aviez voyagé aux quatre coins du monde avec votre père et tout ça. Mais surtout, ajouta-t-il après avoir craché par terre, je regrette de ne pas vous avoir cru lorsque vous avez parlé d'un télégramme du président. »

Il tira de sa poche un papier jaune qu'il tendit à Indy.

« Regardez-moi ça ! » s'exclama-t-il sur un ton de triomphe.

Indy s'en empara, le déplia, et voici ce qu'il lut :

« Cher professeur Jones,

J'ai appris que vous avez l'intention de ne plus enseigner à Princeton. En tant qu'ancien président de cette université, je le déplore. Vos lumières seront là-bas âprement regrettées.

« A propos de votre requête, je consens, bien entendu, à mettre à votre disposition mes archives concernant les chevaliers de la Table ronde. Mais je persiste à tenir pour diantrement farfelue votre idée de retrouver l'épée du roi Arthur. A ce compte-là, pourquoi ne pas espérer qu'un jour votre gredin de fils mettra la main sur l'Arche d'Alliance, ou que vous-même boirez dans le Saint-Graal ?

Bonne chance quand même.

Bien sincèrement à vous. »

Et c'était signé :

« Woodrow Wilson, avocat à la cour, professeur d'économie politique, président des États-Unis d'Amérique et autres lieux découverts à marée basse. »

Comme il achevait sa lecture, Loup-Solitaire ressortit du bureau du shérif. Il fut aussitôt entouré d'une foule qui le congratula. Les hommes lui tapaient dans le dos, les femmes lui serraient les mains, les filles l'embrassaient, les enfants le tiraient par les pans de sa chemise. Il se laissait faire, bien que sans illusion. Dès que les habitants de Durango auraient oublié les Butler et la peur qu'ils en avaient eue, sa popularité passerait. Sous peu, il redeviendrait un paria, le fils d'une Indienne et d'un malfaiteur. Oui, mais, en attendant, il buvait du petit lait.

Horatio Lintell tenait toujours Indy par la manche.

« Je n'en reviens pas ! s'exclama-t-il admirativement. Deux gamins comme vous, réussir à capturer les Butler ! C'est incroyable !

— Quelqu'un nous a aidés, reconnut Indy.

— Qui donc ? s'enquit le gros télégraphiste, très curieux.

— Coyote-avec-un-Aigle-dans-la-Gueule.

— Qui ?

— Coyote-avec-un-Aigle-dans-la-Gueule, répéta lentement Indy. Le dernier des Anasazi. »

Horatio Lintell en resta comme deux mille

deux cent vingt-deux ronds de flan. Indy profita de son étonnement pour lui échapper et se faufila jusqu'à Loup-Solitaire, qu'une foule empressée acclamait toujours.

« Méfie-toi de la gratitude du crocodile », lui souffla-t-il à l'oreille.

Et, comme Loup-Solitaire ne cherchait pas à l'interrompre, il acheva :

« D'abord, il te mange dans la main, ensuite, il te mange la main. »

Le jeune Indien le regarda d'un drôle d'air. Indy sourit malicieusement.

« Curieux ! s'étonna-t-il. Depuis que nous nous connaissons, c'est la première fois que tu me laisses finir un proverbe. »

Loup-Solitaire prit une attitude embarrassée.

« C'est que, vois-tu, celui-là, je ne le connaissais pas, admit-il de mauvais gré.

— Et pour cause ! conclut Indy en s'esclaffant. Je viens de l'inventer ! »

Table

IMPRIMÉ EN FRANCE PAR BRODARD ET TAUPIN
Usine de La Flèche, 72200.
Dépôt légal Imp : 6894 H-5 – Edit : 8552.
20-07-9205-01-4 – ISBN : 2-01-021331-9.
Loi nº 49-956 du 16 juillet 1949 sur les publications destinées à la jeunesse.
Dépôt : février 1994.